AF464671

LA
BANQUE NATIONALE D'HAÏTI

UNE PAGE D'HISTOIRE

PAR

FRÉDÉRIC MARCELIN

Ancien Député

Président du Tribunal de Commerce de Port-au-Prince

PARIS

IMPRIMERIE TYPOGRAPHIQUE JOSEPH KUGELMANN

12, rue de la Grange-Batelière, 12

1890

LA

BANQUE NATIONALE D'HAÏTI

UNE PAGE D'HISTOIRE

DU MÊME AUTEUR

Ducas-Hippolyte *(Biographie d'un poète haïtien)*... 5 fr.

La Politique *(Discours à la Chambre)*............... 5 fr.

A PORT-AU-PRINCE

Chez L. PELOUX & Cie

LA

BANQUE NATIONALE D'HAÏTI

UNE PAGE D'HISTOIRE

PAR

FRÉDÉRIC MARCELIN

Ancien Député

Président du Tribunal de Commerce de Port-au-Prince

PARIS

IMPRIMERIE TYPOGRAPHIQUE JOSEPH KUGELMANN

12, rue de la Grange-Batelière, 12

1890

Si les Haïtiens, quelle que soit la nuance de leur peau, quelle que soit leur couleur politique, pouvaient s'entendre, avant deux ans la face de leur pays serait changée. Ils seraient heureux et riches, grâce à leurs excellentes récoltes, grâce aux prix de leurs produits en Europe.

Ils n'auraient pas grand effort à faire pour cela.

Ils réfléchiraient simplement au métier de dupes qu'ils jouent dans une exploitation dont ils n'ont que les miettes. Ils ne garderaient pas exclusivement leurs rancunes pour le compatriote qui, mieux partagé ou soi-disant mieux partagé qu'eux, n'a souvent que l'apparence d'une situation. Ils ne l'accableraient pas de leurs jalousies et ne lui feraient pas la guerre pour quelques milliers de piastres, en papier-monnaie encore, de plus ou de moins. Ils porteraient leurs regards plus loin — jusqu'au drainage incessant qui, chaque année, de tous les comptoirs de l'île, enlève des sommes considérables, en bonnes espèces sonnantes, pour les consolider hors du pays. Ils se diraient qu'ils sont aussi intelligents, aussi bien doués que leurs heureux concurrents et qu'il leur faut leur part de soleil. Ils ne souffriraient pas, par exemple, qu'à leur *Banque nationale* les seules places réservées aux Haïtiens soient celles de garçons de recettes.

Ils méditeraient, ils se piqueraient d'émulation et s'avoueraient que leur paresse, leur défaut d'application et d'entente, leur compréhension enfantine des affaires, sont pour une bonne part dans cette déchéance. Ils rougiraient en découvrant, dans l'âme de celui qui les comble des plus grandes protestations de dévouement et d'amitié, ce sentiment qu'ils sont un peuple inférieur, voué à l'exploitation à jet continu et aux marchés dans lesquels on garde pour soi 95 0/0 des bénéfices.

Peut-être alors auraient-ils pour eux-mêmes une ambition plus grande. Le dégoût de leur bêtise en ferait peut-être des patriotes. Ils chercheraient à consolider la paix par amour-propre et pour ne plus être exploités. Ils l'aimeraient, cette paix, comme une sauvegarde de leur dignité et cesseraient cette comédie de tout entreprendre pour arriver au pis de la vache, quittes, une fois là et pour conserver la position, de crier, eux, les inassouvis, que le pays a soif de paix, quand ce sont eux qui ne veulent pas être dérangés !

F. M.

LA

BANQUE NATIONALE D'HAÏTI

UNE PAGE D'HISTOIRE

I

Salomon, fondateur de la Banque nationale d'Haïti. — Son caractère. Sa politique. — Dangers de son imitation.

En 1881, j'écrivais, dans le journal l'*Œil*, les lignes suivantes :

« La première condition d'un gouvernement intelligent, c'est de savoir nettement le but auquel il tend et d'*y* marcher à travers tous les obstacles.

« Parfois la pensée mère, l'idée générale qui donne l'impulsion à toute l'administration réside dans un petit groupe d'hommes qui entourent le chef, parfois elle est dans un membre du ministère qui domine ses collègues, rarement elle est dans le chef de l'Etat lui-même.

« Sous le gouvernement actuel, la pensée mère qui dirige la politique du pays est dans le général Salomon.

« C'est pourquoi de temps en temps, dans les grandes occasions, quand le Président ne s'est pas encore prononcé, la politique a l'air de flotter. capricieuse et incertaine au gré de tous ceux qui croient saisir un lambeau d'influence qui semble s'offrir à eux. Mais qu'ils essaient seulement de le saisir ce lambeau d'influence!...

« Soudain, il se dérobe, il se fond sous leurs doigts, quelque fermés qu'ils s'obstinent à les tenir.

« Ce phénomène qui les surprend est parfaitement explicable.

« Au-dessus d'eux et de leurs désirs. il y a une pensée qui a un but à atteindre et qui le poursuit. Elle peut se tromper dans les instruments qu'elle emploie. Qu'importe? Elle en choisira d'autres. Mais rien ne la détournera de son chemin et de la réalisation du programme qu'elle s'est imposé! »

Je transcris ces phrases comme je les écrivais alors. L'événement plus tard, dans l'affaire du vol des mandats à la Banque, devait pleinement les justifier. Et je devais être moi-même, aux yeux du général Salomon, un de ces obstacles qui, lorsqu'ils se trouvaient sur sa route, étaient écartés sans miséricorde.

Ce n'est pas ici le moment de juger le général Salomon. J'ai longtemps admiré son intelligence, ses aptitudes d'homme de gouvernement. Ma foi en lui était faite de cette illusion — que les années n'ont pas entamée — qu'avec un peuple facile comme le nôtre un chef réellement éclairé, moderne — non taillé sur l'antique patron des tyrans sachant à peine lire et écrire — pouvait aisément faire de nous une petite nationalité intéressante, digne du respect et de l'estime de tous. Mais je n'ai jamais abdiqué ni mon indépendance ni ma volonté devant lui.

Chaque fois que je l'ai cru nécessaire, soit pour son bien propre, soit pour celui du pays, je lui ai dit ma pensée...

Et plus tard, quand, profitant d'une façon barbare de la stupidité criminelle de ses adversaires, il couvrit Port-au-Prince de sang et de ruines, tant par ma conduite durant ces jours horribles que par mon attitude à la Chambre, je protestai contre des crimes inutiles et qui, par le succès qui les couronna, devait fatalement servir de base, chez nous, à une nouvelle école politique.

Malheureusement, l'Haïtien, dans la vie publique — il faut le constater — se comporte comme s'il ne connaissait que deux attitudes : l'obéissance passive ou la révolte. Quand le pouvoir est fort, il l'encense ; il n'y a pas de flagorneries dont il ne l'accable. Quand il est faible — ou paraît faible, car, en Haïti, il ne faut jamais trop s'y fier et un gouvernement soi-disant faible, dans l'espace de quelques heures, se transforme et terrorise — il commence l'attaque par l'hyperbole déclamatoire, il l'achève dans les rues la carabine à la main. Il suffirait pourtant d'un ou deux hommes intelligents au pouvoir — ennemis de la licence qui n'est que du servilisme déguisé, mais résolument disposés à faire servir la force au profit de l'autorité, qui est à la force ce que l'âme est au corps — pour réformer, peut-être en un rien de temps, le caractère national et lui donner la solidité et l'énergie qui lui manquent.

Mais Salomon, élevé dans les traditions du despotisme, n'ayant jamais pratiqué que la force, ne supportait ni la discussion ni la contradiction. L'objection le trouvait railleur et méprisant. Accentuée et devenue opposition, elle le faisait bondir de colère. Si l'imprudent ne rentrait immédiatement dans les rangs, terrifié par les éclats de sa voix, la nature de Salomon reprenait le dessus : nature concentrée, tassée, repliée sur elle-même dans une longue méditation, dans un tête-à-tête avec soi-même de plus de vingt années, l'âme brûlée et rafraîchie en même temps par l'attente du pouvoir. Le piège habilement dissimulé, la trappe qui s'ouvre au moment où le cœur est le plus confiant, la toile d'araignée si finement tissée qu'on ne la voit que lorsqu'on est pris dans ses mailles imperceptibles, la légion d'espions nuit et jour attachée à vos pas, vous suivant partout, même dans la famille, l'épouvante savamment dosée, enfin tout ce que l'ingéniosité la plus raffinée peut rêver — et dire dans la banale rhétorique de convention — enveloppait l'infortuné et lui faisait une existence insoutenable et misérable. C'est ce qui constitue aujourd'hui, aux yeux de certaines gens, tout le fond, tout l'esprit de la politique dite salomonienne.

On va jusqu'à l'offrir, cette politique, à l'admiration, à l'imitation de nos hommes d'Etat présents ou futurs, parce qu'elle a pu se maintenir durant neuf années, ce qui est une éternité et semble prodigieux à nos cervelles haïtiennes. Mais, qu'on me permette de le déclarer, je crains fort que l'on ne se fasse illusion. A part la repulsion que l'emploi de tels moyens doit soulever, je crois qu'il y a un véritable danger à recommander une semblable politique, à la prôner à ses amis, à ceux dont on désire la conservation au pouvoir. Il est futile de répéter que tant vaut l'ouvrier, tant vaut l'instrument. Pourtant ici c'est absolument le cas, et tous ceux qui ont approché le général Salomon reconnaîtront qu'il était un machiavélique, mais excellent artiste dans le rôle qu'il s'était choisi.

L'âme humaine ne comporte que trois notes, l'enthousiasme, l'intérêt ou la peur. Il n'y a pas d'homme qui soit insensible à l'un ou l'autre de ces sentiments. Le tout est de savoir faire vibrer la note juste, la note appropriée à l'individu. Nul ne posséda mieux cet art que le général Salomon.

Rusé par tempérament, mettant tout son amour-propre à prouver qu'il était le plus fin, le plus fort, cynique au delà de toute expression, jusqu'à la sincérité, il ne vivait littéralement que pour la politique. Avec cela personne ne portait plus loin que lui l'énergie dans le travail. La nuit, dans son lit — c'est une histoire connue — à la portée de sa main, il gardait toujours une ardoise d'écolier. Une idée, une pensée quelconque lui venait-elle, il saisissait l'ardoise, et, dans l'obscurité, traçait quelques lignes, lettres informes qui devaient le guider dans la besogne du lendemain.

Ainsi dévoré par sa passion, tout entier à sa tâche, il méprisait la richesse et le faste. Dans un pays où les chefs d'Etat, les hommes au pouvoir, ne semblent avoir d'autre fonction que celle de caissier infidèle, Salomon, disposant de tout et faisant tout plier sous le poids de son autorité, est mort relativement pauvre. Ses habitudes d'économie presque parcimonieuse et ses émoluments pendant neuf années de gouvernement expliquent la fortune qu'il a laissée.

Mais cette politique tortueuse embrassée par lui l'obligeait à un grand effort, à une tension d'énergie sans cesse renouvelée. Il ne pouvait non plus fonder rien de durable, rien qui dût lui survivre. Et, le jour que la maladie l'a courbé sous sa main, toute la machine s'est détraquée, car c'était lui seul qui la soutenait. C'est, au reste, le châtiment de tous les pouvoirs despotiques de se consumer, de s'épuiser dans des dépenses disproportionnées et inutiles. La lutte perpétuelle est leur lot et l'insomnie qu'ils infligent aux autres, ils la ressentent les premiers.

Il y a une voie meilleurc, plus habile même et moins compliquée : c'est celle d'un gouvernement où l'homme, tout en étant, comme Salomon, sérieusement à sa besogne, tout en mettant toute sa volonté, toute son énergie à l'accomplissement de son devoir, tout comme il aurait fait si, au lieu d'être ministre ou président, il était responsable d'intérêts privés, y met en même temps sa conscience et son cœur. Une telle administration serait très forte, plus forte assurément que n'était celle de Salomon, car le travail, fortifié par l'intelligence, une intelligence croyante et généreuse, non pas égoïste et sceptique, doit dominer et mettre à la raison toutes les mauvaises passions qu'elles quelles soient.

Aussi est-ce plutôt par paresse, par laisser-aller que l'on a vu, en Haïti, certains hommes réputés intelligents se conduire si bêtement et si violemment au pouvoir. Ne pas vouloir travailler, ne demander à la fonction que les plaisirs grossiers et matériels qu'elle peut procurer, tout le mal est là. Le despotisme est le gouvernement simple, élémentaire par excellence, se dit-on. C'est celui qui a l'air d'exiger le moins d'efforts de la part des gouvernants. Voilà pourquoi on y verse si aisément.

Le système despotique de Salomon, il faut appuyer là-dessus, ne serait-ce que pour décourager ceux qui ne savent pas observer, était bien plus compliqué, bien plus savant, et il ne partait surtout pas de l'impossibilité de faire autre chose, ce qui est souvent le cas de l'ignorant qui arrive aux affaires. Il n'était pas instinctif ; il était voulu et il lui a toujours exigé, en somme, plus de travail qu'un système plus humain n'en eût demandé. C'était celui d'un esprit très souple, très délié, faussé dans ses origines, soit par une trop longue fréquentation du pouvoir dictatorial de Soulouque, soit par des blessures d'amour-propre encore vivaces.

Or, pour imiter sa politique avec quelque succès, il faudrait avoir quelques-unes de ses qualités... Où est l'homme possédant la volonté, l'énergie, la décision surtout de Salomon ? Souvent il est indifférent d'aller à droite ou à gauche, mais ce qui importe, dans la vie publique, c'est d'aller à droite quand on a résolu d'aller à droite, et non de s'y engager avec hésitation, comme si on regrettait de ne pas aller du côté opposé. C'est par là que nous péchons tous et les récents événements de notre dernière guerre civile l'ont bien démontré. Salomon n'avait pas ce défaut. Ce qu'il voulait, il le voulait bien, jusqu'à l'entêtement, jusqu'à l'obstination, jusqu'au mépris de tout scrupule. C'est ce sentiment poussé à l'extrême, cette confiance absolue en soi, cet orgueil de ne pouvoir se tromper, qui explique la grande et longue faveur dont certains individus ont joui près de lui. C'est ce qui explique aussi que, dans l'affaire du vol des mandats à la Banque, il ne songeât à rien moins qu'à supprimer les députés gênants.

J'insiste sur son activité, ses facultés de travail, son ambition du pouvoir, ambition absolument expurgée de la basse passion de l'argent, de cette soif dégradante de l'or qui, chez un chef d'Etat, fait l'effet du crottin sur du velours. Où est l'homme qui possède ces qualités-là ? Et, si un homme les possède, combien préférable pour lui-même, pour son pays, qu'il les fasse servir au bonheur de ses concitoyens plutôt qu'à leur ruine et à leur avilissement!

On a souvent accusé Salomon d'avoir eu des préférences marquées pour les étrangers plutôt que pour ses concitoyens. Et, de fait, son gouvernement a été plus favorable à ceux-là qu'aux Haïtiens. Il me semble que l'explication de cette préférence est facile à donner.

Salomon était trop habile pour ne pas savoir qu'il est parfois prudent de connaître la vérité. Difficilement, il pouvait l'entendre dans son entourage. Il comptait qu'elle lui arriverait plus aisément par l'étranger. Cette espérance était le plus souvent trompée, car l'étranger emboîtait le pas à l'Haïtien, et parfois, dans cette course à la flatterie, il le dépassait.

Tel fut le fondateur de la Banque nationale d'Haïti. Ne possédant, au surplus, aucune notion financière et ne s'en cachant pas, il accepta, sans discuter, l'œuvre du Crédit industriel de Paris et crut, peut-être, en en dotant son pays, lui faire un patriotique cadeau.

II

L'opinion publique et la Banque nationale d'Haïti. — Illusions et désillusions. Agiotage et papier-monnaie. — Statuts de la Banque.

Fondée en 1880, la Banque nationale d'Haïti, dès son installation, fut l'objet d'un enthousiasme universel et de commande. Personne, au début, ne songea à signaler les nombreuses défectuosités de ce contrat léonin qui semblait avoir été rédigé par un diplomate, lequel, de sa vie, pour rappeler le mot de Bismarck, *n'avait vendu un cheval*. L'enthousiasme naît vite sous notre soleil aux reflets métalliques plus aveuglants que l'acier. Nous sommes du midi et d'un midi bien sonné pour les entraînements irrésistibles. Mais nos dieux du jour ne voient pas souvent le crépuscule.

Or, voici ce que je lis deux ans après dans un journal de Port-au-Prince :

« La joie que les adversaires de la Banque manifestent à l'idée que les députés vont pouvoir, grâce au concours pratique du *co-*

mité, dont nous avons annoncé la formation, entamer une campagne décisive contre ce monopole exploité, si fatalement pour le pays, nous impose l'obligation de tenir les mandataires de la nation en garde contre toutes les dangereuses propositions qui pourraient être soumises à leur examen.

« Dans un article d'une logique serrée, un autre journal de la localité traite, une fois de plus, la Banque en ennemie de notre crédit national, parle des « humiliations fréquentes » dont l'Etat a été victime quand il a fait appel à cet égoïste administrateur des ressources du pays, énumère les diverses circonstances dans lesquelles le gouvernement, annihilé, arrêté dans l'exercice de ses plus justes prérogatives, isolé une fois sur cinq devant une espèce de *conseil de famille* hostile, se voyait presque interdit le droit de soulever des affaires. tant était constant de la part de la Banque son désir de prolonger les difficultés budgétaires.

« Il ne saurait donc y avoir aujourd'hui, à la Chambre, de division sur l'urgence d'une revision totale ou illimitée du contrat de la Banque...

« Nous n'avons, pour notre part, jamais pensé autre chose. Seulement, qu'il nous soit permis de rappeler que cette question de revision que le public reconnaît aujourd'hui devoir être faite sans retard et qui a valu aux amis sincères du progrès national tant de colère et tant de rancunes, ne saurait avoir d'autre point de départ que l'examen méthodique des divers articles du contrat de la Banque d'après l'interprétation ou l'application qu'ils ont reçue depuis le jour où cet établissement financier a commencé à fonctionner parmi nous.

« Il nous paraît inadmissible que des députés ne comprennent pas l'importance qu'il y a pour eux de suivre cette ligne de conduite, si conforme à la dignité nationale, sans sortir de ce terrain sur lequel la question se trouve placée par l'opinion publique avec tant de fondement et sur lequel il est si aisé de mettre tout en œuvre pour défendre les droits du pays injustement lésés. Réclamer pour Haïti la contre-partie des avantages que la Banque retire de son contrat et exiger d'elle une plus saine et une plus équitable interprétation de ses diverses clauses.

« Nous pensons qu'il en doit être ainsi. La Chambre doit envisager la situation avec calme, mais avec la conscience de sa responsabilité et, dans les circonstances présentes, il faut le lui dire bien haut, cette responsabilité est grande. »

Et plus loin, s'adressant à la Banque, le même journal lui demandait :

« Quelles facilités avez-vous offertes au commerce du pays, vous qui vous appelez la Banque nationale ?

« Quels efforts avez-vous faits pour maintenir le prix du change à des taux possibles et arrêter la hausse ? N'êtes-vous pas vous-mêmes les promoteurs de ces cours ruineux par l'accaparement des traites que vous faites opérer par vos agents connus et inconnus ? Ne paralysez-vous pas sans cesse le mouvement commercial ? Qu'avez-vous fait pour favoriser l'agriculture, vous qui vous intitulez Banque d'Haïti ? Quel concours avez-vous prêté aux hommes d'initiative, quel appui a trouvé auprès de vous l'agriculteur, confiant dans les richesses de notre sol, qui est venu solliciter votre aide financière ?

« Quelle tentative avez-vous faite pour réveiller parmi nous l'esprit d'association, ce puissant levier des peuples jeunes et avides de progrès ? Si vous aviez compris votre mandat, combien de Sociétés industrielles, maritimes, agricoles, commerciales auraient surgi à côté et par vous ?

« Comment avez-vous cherché à développer la mobilisation de la fortune immobilière ? Quel accueil avez-vous réservé aux propriétaires qui faisaient appel à votre caisse en offrant les plus brillantes hypothèques ?

« L'escompte même n'est-il pas devenu entre vos mains un moyen d'inquisition ou de pression au lieu d'être un instrument favorable aux intérêts de la généralité ?

« Qu'avez-vous fait pour les porteurs de titres ? Quels sont les prêts que vous avez consentis ?..... Comment avez-vous aidé l'État à sortir de ses difficultés budgétaires, à consolider son crédit, à satisfaire ses engagements envers ses serviteurs ?

« Quelqu'un tenterait-il d'établir une Compagnie de transports maritimes pour le service des ports de la côte et de la République voisine, inutile qu'il pense à la Banque d'Haïti pour patronner ou lancer l'affaire.

« Songerait-on à organiser une Société agricole pour favoriser les milliers d'opérations qui n'attendent qu'une aide au début pour devenir prospères ; gardez-vous de vous adresser à la Banque dite de Haïti ; ses fonds vous seraient impitoyablement refusés.

« Voudriez-vous monter une exploitation industrielle, construire des marchés, entreprendre l'éclairage public, créer une usine dans un centre producteur, développer la culture de tel ou tel article d'exportation, ne comptez jamais sur la Banque dite de Haïti, ces opérations ne sont pas de sa compétence.

« Mais arrêtons là cette longue et triste énumération de déceptions éprouvées par le pays. Le moment est venu de chercher le remède en profitant de l'expérience acquise, et, aussitôt trouvé, de l'appliquer sans retard.

« Que la Banque change ou non de ligne de conduite, peu importe. Une question qui nous paraît beaucoup plus intéressante, c'est celle d'arriver à réorganiser auprès de l'État l'établissement financier qu'il avait rêvé, nous voulons dire une Banque sincèrement décidée à faire d'abord les affaires du pays, à ne point perdre son temps en discussions irritantes, en prétentions puériles, et à nous épargner de nouvelles humiliations.

« Nous avons l'absolue confiance que l'autorité supérieure, c'est-à-dire le ministère des finances, qui doit prononcer en dernier ressort sur les propositions à débattre, prendra, quoi qu'en dise la Banque, en très sérieuse considération les enseignements fournis par le passé. Nous avons la confiance qu'au ministère on voudra bien aussi tenir compte de la discussion qui s'est élevée, et se poursuit encore, contre les projets de la Banque, et remarquer que l'opinion publique et celle surtout des hommes compétents, nous voulons dire des négociants, de tous ceux qui sont appelés à se servir de ce rouage commercial, et pour lesquels, en fait, elle a été créée, n'est point du tout favorable à la concession de nouvelles prérogatives à notre établissement de crédit, avant qu'on ait reçu quelques garanties de compensation positives.

« Nos contradicteurs ont sur ce point un très singulier raisonnement; ils disent : « Quoi! voilà des plans de réformes conçus par des financiers très habiles, des avantages offerts par la Banque et des puissants capitalistes, et vous, profanes, vous venez contester leurs projets et contrecarrer leur œuvre. »

« Nous en demandons bien pardon à ceux qui raisonnent ainsi; mais nous devons leur dire que c'est raisonner faux.

Qu'ils soient aptes et très habiles à faire leurs affaires, et d'une science indiscutable; le public les a vus à l'œuvre et est fixé sur leurs mérites. Mais là n'est point la question; elle se résume tout entière en ceci : Cet établissement de crédit, tel qu'il fonctionne pour nous, est-il l'instrument qui convient au pays et quelle est la direction qu'il convient de lui tracer ?

« Ramenée à ces termes, la question, comme on voit, change d'aspect; et, pour y répondre, il faut en faire une autre, qui est celle-ci : Qui est appelé à se servir de la Banque que le gouvernement a voulu créer ?

« Il n'est personne qui ne réponde immédiatement : Ce sont les commerçants. Et, alors, logiquement, il faut admettre que l'opinion de ces commerçants a quelque valeur, même la plus grande valeur. Et on l'a si bien compris que le public a désigné une commission de négociants, hommes compétents et pratiques, pour étudier cette affaire de si grande importance.

« Donc, puisque c'est pour des commerçants, pour ceux qui ont besoin du crédit financier, que l'on a établi la Banque ; puisque ce sont eux qui sont appelés à l'utiliser, on est forcé d'admettre que leur avis, en l'espèce, ait une grande valeur. Eh bien ! n'a-t-on pas lieu d'être frappé de *l'unanimite* avec laquelle ils ont tous dit : « Le mode d'opérer de la Banque ne répond point aux nécessités du pays », et de l'unanimité non moins grande avec laquelle ils ont demandé des réformes et une exploitation différente des clauses de son contrat.

« Il serait donc trop singulier que, quand, sans exception aucune, les commerçants viennent dire : « Ce que nous avons n'est point pratique, et non seulement ce n'est point pratique, mais deviendra, par certains côtés, périlleux », ce serait, répétons-nous, assumer une bien lourde responsabilité que de passer outre.

« Nous avons l'espoir que le ministre des finances, qui est un esprit si clairvoyant, y réfléchira et évitera de prolonger une situation en antagonisme avec tous les intérêts pour lesquels il s'efforce de travailler, et que la Chambre saura décider dans le sens indiqué par les hommes pratiques et sincèrement dévoués au progrès national. »

Déjà, on le voit, on demande à la Chambre d'intervenir; on lui demande de mettre son autorité et sa situation a service de l'intérêt général qu'elle a mission de sauvegarder. C'est à elle qu'on s'adresse pour lui dénoncer une convention qui ne satisfait ni le gouvernement, ni le commerce, ni aucune des branches qui constituent l'Etat. Mais cette convention existe, elle existe pour *cinquante* ans, et elle ne peut être modifiée que du consentement exprès, formel, des deux parties. Et qui peut penser, penser une seconde, que la Banque abandonne de plein gré une parcelle quelconque du terrain qui est légalement sa propriété ? A moins que, par sa propre faute, une de ces fautes improbables dans une administration correcte, elle ne soit amenée à subir des modifications imposées par une nécessité créée par elle-même, les esprits judicieux de la Chambre ne voyaient pas les moyens qui pouvaient s'offrir à eux pour donner satisfaction aux vœux de l'opinion publique.

« Sur quoi comptait le gouvernement — se demandait un autre journal — en faisant avec la Banque un pareil traité ?

« Il comptait d'abord et avant tout sur une circulation monétaire étendue et en rapport avec les besoins du pays. Il pensait que les billets de la nouvelle Banque venant remplacer les monnaies étrangères, et que la nouvelle monnaie nationale, égale aux meilleurs types des Etats-Unis ou du Mexique, venant faire concurrence à ceux-ci, le besoin de numéraire serait satisfait et les denrées s'écouleraient facilement.

« Il comptait ensuite sur les avances de la Banque, 1,590,000 francs d'abord, et bien davantage ensuite, au fur et à mesure que ses opérations s'étendraient et deviendraient fructueuses. Il pensait pouvoir ainsi faire face au service de ses deux dettes intérieure et extérieure, de manière à couper court à la désolante usure qui sévissait à Port-au-Prince et à faire preuve à l'étranger d'un crédit sérieux. Par ce moyen, il trouverait dans ses emprunts à la Banque un secours temporaire pour attendre un meilleur rendement des impôts, qu'il se proposait de remanier.

« Il comptait enfin que la Banque prêterait l'argent au commerce, ferait en grand l'escompte et le va-et-vient des métaux précieux, favoriserait les Sociétés agricoles, celles des chemins de fer, et généralement toutes les grandes entreprises qui sont indispensables au relèvement d'Haïti.

« Sur tout cela, qu'a réalisé la Banque nationale? Si l'on écoute la presse d'Haïti, ce serait peu de chose.

« Elle a fait le service de la trésorerie.

« Elle a avancé à l'Etat 1,590,000 fr.

« Elle lui a avancé d'autres sommes, désignées sous des numéros d'emprunt 1 à 12, et elle s'en est fait exactement rembourser aux échéances.

« Elle a réalisé une première opération de frappe des nouvelles monnaies.

« Enfin, elle a ouvert quelques comptes à des particuliers, mais en petit nombre.

« C'est là, du moins, ce qui résulte des situations officielles qu'elle publie chaque mois, et parfois toutes ensemble.

« Par contre, voici ce que la Banque a négligé de faire :

« Faute d'avoir secouru l'Etat, il y a en ce moment deux semestres arriérés de la dette de 1875, celui du 1er juillet 1882 et celui du 1er janvier 1883, ce qui rend le crédit d'Haïti au moins douteux sur tous les marchés d'Europe, et de Paris particulièrement.

« Faute d'avoir ouvert ses caisses à l'escompte des bons de traitement ou fournitures du gouvernement, elle laissa l'usure trafiquer à vil prix, sous ses yeux, de la signature de l'Etat, qu'elle était venue sauver.

« Faute d'avoir aidé qui que ce soit dans les entreprises agricoles, forestières, commerciales ou industrielles, il ne s'est rien fait depuis deux ans dans le sens du relèvement d'Haïti, pas même des Sociétés d'étude ou de navigation.

« Mais, en revanche, on dit que la Banque a gagné plus d'un million de francs sur la frappe de 700,000 gourdes anciennes, lesquelles valaient au titre argent 5.30, tandis que les nouvelles ne valaient réellement au titre argent que 4.85. Et on ajoute que c'est là sa seule et unique opération, qu'elle tente de renouveler en ce moment, et en échange de laquelle elle fera peut-être une nouvelle avance à l'Etat dans les mêmes conditions que la première fois. »

Enfin, voici la conclusion que je trouve à la suite d'une longue étude sur la Banque et ses opérations :

« La crise d'Haïti, dit l'auteur, vient du défaut de travail et du défaut d'exploitation des richesses du pays, c'est-à-dire d'un sol le plus riche du monde entier.

« On a cru la conjurer en supprimant l'ancien papier-monnaie, en créant une monnaie nationale et enfin une Banque qui, tout à la fois, mettrait l'ordre dans les recettes et les dépenses de l'Etat, émettrait des billets de banque sérieux et ramènerait le numéraire dans le pays.

« Cette création de la Banque d'Haïti a été mal combinée de la part de ceux qui l'ont conçue. Le capital est trop faible, le secours donné à l'Etat est trop mesquin, les administrateurs sont trop timides.

« Il faut de deux choses l'une : ou que la Banque double son capital, ou qu'elle émette des bons d'elle-même à époque fixe pour suppléer à l'insuffisance de ce capital; mais, d'une façon comme de l'autre, il faut qu'elle verse tous ses fonds dans les affaires d'Haïti, se solidarisant ainsi avec le crédit de son pays — d'adoption ; elle ne peut prendre une attitude indifférente, bien qu'elle doive réserver avec soin sa personnalité distincte de celle du Trésor et du gouvernement haïtiens.

« La Banque a deux buts auxquels elle ne peut se soustraire : mettre à niveau le crédit de l'Etat qu'elle soutient et tendre la main aux particuliers pour développer la production nationale. Si elle ne peut pas atteindre ce double but, il faut qu'elle liquide et se retire, car elle tournera évidemment dans un cercle vicieux qui sera celui-ci : attendre pour semer des fonds, que le sol d'Haïti produise, tandis que le sol attendra pour produire que les fonds soient semés. Haïti est purement agricole, ne cherchons pas les moyens factices ; le commerce ne sera de longtemps que celui des produits nationaux. Mais il est si facile de les faire naître ! Et quand on a devant soi l'exemple du passé, peut-on hésiter ?

« Nous sommes convaincu qu'en France beaucoup de capitalistes sont disposés à s'engager dans les affaires d'Haïti, mais la situation financière est un obstacle.

« Nous sommes convaincu également qu'une revision du pacte constitutif de la Banque est indispensable afin de l'élever au niveau de sa mission. Ceci n'a rien d'étonnant, la Banque de France et le Crédit foncier de France se sont modifiés dix fois en dix ans avant de trouver leur assiette.

« De plus, s'il plaisait aux dieux protecteurs d'Haïti de lui envoyer un grand financier, cette assistance céleste ne serait pas d'un mince secours.

« Haïti renferme en soi tous les éléments de la prospérité, mais le difficile est de surmonter les premiers obstacles. Nous sommes certain que par le bon accord on y arrivera. »

Ces extraits établissent ce que je tiens à démontrer que, deux ans à peine après son installation, la Banque était attaquée de tous côtés et qu'on lui reprochait de n'avoir réalisé aucune des promesses que les fées appelées à son baptême par le général Salomon avaient si libéralement laissé concevoir. Il existait un malaise, une hostilité accentués contre elle. Je veux croire que dans cette attitude il n'y avait pas seulement l'intérêt général ou même l'intérêt privé dans ce qu'il a de méritoire, de digne d'être encouragé, quand, par exemple, c'est le cri du commerçant réclamant une situation économique plus appropriée à ses besoins et de l'industriel qui, dans sa détresse, frappe vainement à toutes les portes.

J'admets que les situations à jamais perdues, la manipulation des deniers de l'Etat enlevée à certaines mains qui en retenaient de temps en temps quelques bribes, aient été pour une part dans l'animosité que la Banque rencontrait. Mais ces éléments n'étaient qu'à l'état d'alliage et dans de faibles proportions dans la concordance des rancunes et des désillusions. Le sentiment général était véritablement hostile à la Banque. On demandait la modification d'un contrat hâtivement conclu et qui ne satisfaisait plus personne.

En effet, constituée au capital nominal de dix millions de francs, dont cinq millions appelés, la Banque, dès cette époque et jusqu'à ce jour, n'a profité de son privilège que pour faire tout tranquillement son service de trésorerie d'Etat et développer, dans de vastes proportions, les déplorables habitudes d'agio qui sont devenues la règle du marché de Port-au-Prince. Je ne veux pas décrire tout ce qui se passe dans cette ville, sous les yeux et sous le patronage, en quelque sorte, de la Banque. Ceux pour l'enseignement de qui j'écris, les petits négociants en gros et demi-gros, ne le savent que trop. La spéculation a tout envahi et elle se fait sur une échelle si effrayante qu'on peut, sans être prophète, prédire avant longtemps les pires catastrophes.

C'est presque toujours le modeste profit du commerçant régulier qui alimente les différences de l'agio. C'est sur lui que porte tout le poids de la spéculation. Engagé dans des opérations à terme, il n'a guère le temps ni le moyen, comme le spéculateur de profession, de se retourner, de limiter sa perte : les valeurs qu'il a achetées ont servi à payer le créancier d'Europe ou des Etats-Unis, souvent par anticipation et pour augmenter un crédit qui, en définitive, sera sa ruine

Le marché de Port-au-Prince n'est plus qu'une vaste maison de jeu où c'est la cagnotte qui seule gagne réellement. Les pontes peuvent avoir un alternat de gains et de pertes; en définitive, c'est la perte qui domine. Parfois on a des doutes, des illusions sur cette fin. C'est une chimère dangereuse et un peu d'attention suffit pour la dissiper.

Mais la cagnotte ici, c'est le corps des banquiers, des spéculateurs, ce qu'on appelle le haut commerce. Le ponte, toujours plumé et revenant toujours s'asseoir devant le tapis vert, c'est l'importateur, celui qui bêtement fait son prix de revient, stipule un bénéfice qui, aujourd'hui ou demain, ira engraisser la bienheureuse cagnotte. C'est ce qu'on appelle le petit commerce.

Les chances, on le sait, ne sont jamais égales entre la cagnotte et le ponte. Elles ne le sont pas davantage entre le haut et le petit commerce. Le spéculateur qui a manqué de flair, qui a mal mesuré, selon l'expression consacrée, la hauteur du soleil, en est quitte pour se retourner et faire immédiatement la part du feu. Le petit commerçant, lui, prend le plein bouillon. Autrement dit, une affaire de 50,000 francs, je suppose, qui tourne mal ne peut jamais donner plus de 5 0/0 de perte à un spéculateur au fait de son métier. Au petit commerçant, elle peut infliger jusqu'à 40 0/0 de perte. Et on saisit pourquoi il en est ainsi. Les valeurs du spéculateur sont liquides; il les a en portefeuille ou en crédits de tirage. Tel n'est pas le cas de l'importateur. Il a cru, par exemple, à la hausse et il a acheté à terme ; les traites achetées ont été immédiatement expédiées aux créanciers de l'étranger qui doublent les crédits et excitent aux achats. C'est la vente de la marchandise qui doit en couvrir le montant ; mais la baisse survenant, les prix dégringolent rapidement ; l'acheteur s'abstient ; les concurrents, pour l'attirer, escomptent même une plus forte baisse du change. Sans compter que ces spéculations sur le change désorganisent le marché en provoquant aux importations exagérées. Ce qui fait qu'il y a toujours à Port-au-Prince dix fois plus de marchandises que la consommation n'en demande.

Supposons, au contraire, que l'importateur, une fois par hasard, ait bien opéré et que la hausse soit venue. Là encore, il ne peut jouir entièrement de son profit. Comme il a peur d'une réaction et que la réalisation de la marchandise demande du temps, il sacrifie les trois quarts de ce profit pour aller plus vite. C'est pourquoi il est commun d'entendre dire de quelqu'un qui *brûle* son stock : *Il a acheté des traites à bon marché!* Cela n'est pas toujours vrai; mais, en admettant que cela soit, vous voyez le désordre que la spéculation jette sur la place en l'obligeant à mettre ses prix au niveau de ceux d'un ponte qui vient d'abattre neuf.

Un des grands bienfaits que l'on comptait voir la Banque réaliser, c'était de donner plus d'élasticité aux affaires en général, leur imprimer une impulsion plus vive tout en étant honnête et morale, si je puis m'exprimer ainsi. Comment l'institution a-t-elle tenu compte de ces aspirations?

Lors de la création de la Banque, il ne faut pas l'oublier, le papier-monnaie n'existait pas, et certes chacun pouvait penser que l'institution nouvelle marquait la rupture complète, définitive avec les errements du passé! Je ne veux pas dire que la Banque a contribué au rétablissement du papier-monnaie. Mais je crois qu'elle pouvait à ce moment-là trouver un mode qui permît au gouvernement de vivre, de combattre l'insurrection sans recourir à cette fâcheuse extrémité. Loin de là. Elle subit la violation manifeste de son contrat, empocha les commissions que lui procurait l'émission du papier-monnaie et plus tard en régularisa l'usage en patronnant une nouvelle émission. Le vulgaire pouvait-il s'empêcher de penser qu'elle était de cœur et d'âme avec la spéculation qui, elle, professe que, si *le papier-monnaie n'existait pas, il faudrait l'inventer !*

J'admets que la Banque fût impuissante à empêcher la création du papier-monnaie, ce qui est loin d'être prouvé ; mais ne lui incombait-il pas de chercher à en régulariser le cours, d'empêcher qu'il ne devînt un instrument d'agio absolument mortel pour le pays, ou tout au moins d'en atténuer les effets le plus possible ? On trouvera, à la fin de cet ouvrage, un tableau des variations du change de l'année 1878 à l'année 1886 et deux articles dans lesquels j'essayais d'intéresser la Banque à ces idées.

Or, il est avéré qu'elle n'a jamais rien fait, le papier-monnaie étant rétabli, pour empêcher ces grandes fluctuations du change, si désastreuses pour ce qu'elle appelle dédaigneusement le petit commerce, petit commerce assurément plus digne de sympathie que la spéculation énervante et démoralisatrice, telle qu'elle règne à Port-au-Prince et, sur une moindre échelle peut-être, dans les principales villes de la République.

Je prie de remarquer que je dis *pour empêcher ces grandes fluctuations du change* ; je ne dis pas pour *amener la baisse* du change. Oh ! tout comme un spéculateur qui a ses combinaisons, tout comme un ministre des finances peu au courant de la question ou mal inspiré, la Banque opère parfois la baisse ; mais la baisse et la hausse sont les deux formes de l'agio. Ce sont les deux tableaux de la Banque... à ce baccara du change.

Ce que le malheureux importateur désire, ce n'est, à proprement parler, ni la hausse ni la baisse. C'est la suppression — autant que l'on peut et la Banque certainement le peut dans une large mesure — de ces variations désordonnées qui troublent son négoce, l'atteignent profondément dans ses intérêts et font de lui le pire des spéculateurs, celui qui joue sans atout dans les mains. Ce qu'il désire, ce n'est pas que le change soit à 10 ou à 40 0/0; c'est que, soit à 10, soit à 40 0/0, il s'y tienne pendant quelque temps, oscillant normalement de 2 ou 3 0/0, selon les nouvelles des provinces ou les avis de l'étranger. En un mot, il demande un peu plus de fixité dans les cours. Autrement, tout travail régulier devient impossible.

Soutenir que ces fluctuations soient la conséquence des fluctuations du marché des cafés, est un cliché banal qu'on ne sert même plus aux provinciaux arriérés. Je ne dis pas qu'elles n'exercent absolument aucune influence sur les cours. Mais je prétends que cette influence n'est que relative, et, en tant que baisse ou hausse que peut subir le produit en Europe, ne compte vraiment pas. La baisse et la hausse servent de levier à la spéculation, mais ne l'influencent pas par leur action propre. Elles peuvent être un effet; elles ne sont jamais une cause. On les exploite comme on exploite une nouvelle, un renseignement vrai ou faux pouvant alimenter l'agio. Ce qui le prouve, c'est que les fluctuations du change ne sont jamais en rapport avec les fluctuations du café. Et telle est maintenant la conformation du cerveau du petit commerçant que la monomanie du jeu a saturé dans ses moindres cases, telle est sa nervosité maladive de décavé perpétuel, qu'il lui suffit de voir passer quelques courtiers affectant un air mystérieux, se chuchotant quelques mots qui sont évidemment destinés à être recueillis par lui, qu'il lui suffit de cette mise en scène assez grossière et qu'il connaît d'ailleurs bien, pour prendre peur ou confiance et porter, dans tous les cas, sa tête à l'abattoir.

C'est toujours l'éternelle redite...

— Qu'est-ce qu'il y a ?

— Hum ! hum ! mauvaises nouvelles ! Le café... Havre... Anvers..., mal. Dix centimes de baisse : 10 0/0 de hausse sur le change.

— Nouvelles de la côte déplorables... Trop de pluie..., ne vaut rien pour le café : les graines coulent.

— Trop de vent ; ne vaut rien..., les graines s'éparpillent.

— Vous n'êtes pas allé au wharf du cabotage ? Il n'y a pas mille sacs : récolte manquée.

— Vous ne savez pas ? La Banque ne vend pas ; M... est sombre, et vous savez quand M... est sombre !...

— Comment ! vous l'ignorez ? H... est acheteur. Et quand H... achète !...

— D'où sortez-vous donc ? E... est vendeur. Cet E... ! il a tous les secrets du ministre !...

Qu'il aille à droite, qu'il aille à gauche, qu'il soit à la hausse, qu'il soit à la baisse, il en cuit presque toujours au petit commerçant de spéculer, et pourtant il est forcément obligé de le faire, étant données les conditions de son existence !

En février de cette année, le change était à 43 0/0, et naturellement le commerce d'importation était surchargé de traites à ce taux. Voilà que subitement, comme un coup de foudre, éclate la nouvelle que le gouvernement fait un emprunt d'un million de gourdes, destiné à être livré aux flammes. Une dégringolade commence, s'accentue de jour en jour et amène le change à 15 et 10 0/0.

Quel sentiment voulez-vous que ressentent ceux sur qui pèse une perte de plus de 30 0/0 ?

Il y a là un déni de justice, une violation des lois morales qui soulève la conscience et on comprend que les *inflationistes* aux Etats-Unis aient demandé que, quand l'Etat intervient et dérange aussi soudainement l'économie du marché, il soit tenu compte dans le règlement des dettes contractées en un papier déprécié de l'agio sur l'or à l'époque de la naissance des créances. Il ne serait peut-être pas à blâmer le tribunal qui, s'appuyant sur de semblables éléments d'appréciation, réduirait une dette de toute la différence de change du jour de la naissance du contrat au jour de son exécution.

Sans doute, à défaut d'une institution de crédit qui soutienne le cours d'un papier-monnaie, il est permis à un ministre des finances de veiller à ce qu'une dépréciation exagérée n'entraîne de fâcheuses conséquences pour la stabilité de l'Etat. Ce devoir lui incombe strictement; mais, tout en le remplissant, il faut qu'il prenne bien garde à ne pas négliger d'autres devoirs non moins essentiels.

En Europe, quand un ministre veut faire une conversion de fonds publics — c'est-à-dire convertir un fonds portant un intérêt élevé en un intérêt moindre — pour ne pas être soupçonné de faiblesse, de confidences pouvant alimenter de malsaines spéculations, il dit à l'avance au public : « Prenez garde; n'achetez pas du 5 0/0 au-dessus du pair, car ce 5 0/0 va être très prochainement au pair ou converti en 3 1/2 ou 4 0/0. »

Ces retraits partiels que l'on opère à l'aide d'emprunts sur place, n'étant réglementés par aucune loi et relevant absolument du bon plaisir du ministre, ont besoin, pour conserver une certaine autorité, d'être entourés de la plus scrupuleuse délicatesse. Donnant une plus-value au reste du papier existant, enrichissant ceux-ci ou ruinant ceux-là, selon les jeux de l'aveugle hasard, on ne saurait prendre trop de précautions pour qu'ils ne frappent pas trop durement le public. C'est bien assez que l'Etat lui ait imposé une fausse monnaie officielle pour qu'il ne lui inflige pas, au gré de son caprice, de nouvelles pertes en dehors de ses calculs et de ses prévisions.

La meilleure des précautions à prendre, selon moi, serait l'insertion dans le *Moniteur*, aussitôt que le ministre jugerait que la hausse présente des dangers, d'un avis ainsi conçu :

« Le gouvernement ne spécule pas; il n'intervient pas dans les contrats commerciaux. Il ne fait ni la hausse, ni la baisse pour favoriser les uns au détriment des autres. Mais il déclare dores et déjà que, si le change dépassait le taux de....., il se croirait le droit d'intervenir, au nom de la fortune publique, et cela par tous les moyens financiers dont il dispose. »

Ni la propriété, ni les transactions commerciales, régulières, bien entendu, car les autres, celles qui s'appuient sur le jeu, ont quintuplé; ni l'industrie, ni l'agriculture, n'ont bénéficié, en quoi que ce soit, de l'établissement de la Banque nationale d'Haïti. Un des articles de son contrat dit bien qu'elle *pourra* faire toutes les opérations ordinaires d'une Banque d'émission, de dépôts, de prêts et d'escomptes, et toutes les opérations de banque en général. Mais c'est une faculté dont elle se garde bien de jouir. A quoi bon? Retirée dans son fromage, contente de son sort, comme un de ces bons et gras chanoines du moyen âge dont l'existence tenait dans ces deux mots : *Manger* et *digérer*, pourquoi se donnerait-elle de la peine? Ce qu'elle a fait hier, elle le fera aujourd'hui, elle le fera demain, et ce sera ainsi durant cinquante ans.

L'affaire a donc été excellente sous tous les rapports, et voilà, ma foi, cinq millions de francs bien employés. Les profits des prêts consentis à l'Etat, des emprunts en participation opérés sans cesse sur la place de Port-au-Prince, emprunts absolument ruineux pour le pays, des refontes de monnaies, de la frappe métallique si souvent mise en œuvre, constituent pour la Banque un filon dont elle se contente. Nul effort, nulle tension d'esprit, nulle conception d'idée, ne sont nécessaires à cette besogne-là. Commission sur les comptes de trésorerie, commission sur le compte statutaire, papier-monnaie acheté à 40 et 45 0/0 d'escompte, ou même celui encaissé dans les douanes pour compte de l'Etat, offert à M. le ministre des finances, qui le prend au pair contre l'or, pour démontrer, sans doute, que le papier vaut de l'or, etc., voilà le cadre. Il n'est guère varié, et on voit bien, pour la besogne que cela exige, qu'un honnête cheval de manège peut être aussi bien directeur de la Banque nationale d'Haïti.

Un mot encore.

L'article 9 de ses statuts lui confère le privilège exclusif d'émettre des billets au porteur, remboursables à présentation. L'établissement n'a jamais montré une bien grande envie de jouir de ce privilège. De fait, il n'en avait pas besoin. Après un essai de quelques milliers de gourdes en circulation, il les a fait rentrer, et, comme il ne voulait pas perdre les frais de fabrication de ces billets, il en a trouvé le placement lors de la dernière guerre civile. On a assisté à ce curieux spectacle de billets de la Banque, signés : *Lehideux, président du conseil d'administration*, et au travers desquels on avait imprimé qu'ils étaient émis pour compte de l'Etat. Etait-ce assez moral, et comme on comprend bien que quelques porteurs grincheux aient voulu faire remonter jusqu'à la Banque la responsabilité du non-paiement de ces billets? Ce dernier trait, en tout cas, ne prouve pas en faveur de l'énergie et de la vigueur de la direction. A supposer qu'elle n'ait pu s'opposer à cette nouvelle émission et épargner par là de nouveaux ennuis au commerce, le souci de sa dignité, le soin de sa réputation, auraient dû l'empêcher de donner ses propres billets à cet effet. Si elle échappe à la responsabilité matérielle, elle n'échappe pas à la responsabilité morale.

En attendant, les parts de fondateur qui, en 1883, valaient 60 francs, valent aujourd'hui plus de 300 francs; le dividende par action libérée de 250 francs a été cette année de 36 francs; les actions, introuvables, sont dans les 750 francs environ. Les réserves dépassent plusieurs millions, et le capital appelé, soit 5 millions de francs, est en Europe en toute sécurité et disponibilité. C'est là une belle situation et qui naturellement doit nous inspirer le désir de voir la Banque, après avoir fait ses affaires, s'occuper un peu de celles du pays.

Désormais je crois qu'elle ne peut plus continuer à nous payer de mots et de réclames. Jadis, quand quelques indiscrets demandaient un peu trop bruyamment à quoi elle servait, elle répondait en faisant insérer dans quelques journaux qu'elle était en instance pour créer des *magasins généraux* qui permettraient au commerçant gêné d'avoir, sur ses dépôts, de l'argent à bas prix, ou encore qu'elle allait établir un *crédit industriel*, lequel ferait des avances aux petites industries, etc., etc. Selon l'huile qu'elle mettait dans la lampe du journaliste, la réclame allait son train durant un ou deux mois, et on ne s'entretenait dans la presse que des grands projets de la Banque. Puis doucement, paisiblement, tout rentrait dans le calme, l'institution, un instant réveillée, se recouchait dans sa somnolence et son inertie. Elle reprenait le cours de ses opérations et surtout l'agio sur le change et les petits prêts à l'Etat, choses pour lesquelles la Banque nationale d'Haïti a été exclusivement créée pour le bonheur et le développement de notre pays!

Je ne sais si je fais erreur, mais il me semble que l'idée qui inspirait naguère quelques députés, à savoir, mettre la Banque en rapport avec nos intérêts réels, il me semble que cette idée n'est pas perdue. Il me semble qu'elle se développera, qu'elle s'imposera chaque jour davantage.

La Banque se trompe si elle pense que le terrain est définitivement conquis par elle. Le droit de premier occupant a, pour corollaire indispensable, la mise en culture du terrain occupé. Les terres en friche et dont le travail n'a pas légitimé la prise de possession sont toujours sujettes à contestation. Je n'en veux d'autre exemple que l'anecdote que je vais vous conter.

Un courtier en révolutions — étranger, cela va de soi — quelque temps avant la chute de Salomon, s'en vint du Cap conférer à Port-au-Prince avec un célèbre général. Voici les deux questions qu'il lui posa :

« La présidence de la République sera-t-elle, sans contestation, déférée au général Thélémaque? — La Banque sera-t-elle congédiée? »

Il demandait l'affirmative pour les deux questions.

III

Vol de mandats à la Banque.
Attitude de la Chambre des Députés.
Pièces et documents.

Dans l'incendie de septembre 1883, le ministère des finances avait disparu et avec lui toute la comptabilité de cet important département. Des esprits audacieux et avides de s'enrichir par tous les moyens virent là une occasion unique de tenter un coup.

La morale, il faut le dire, est singulièrement relâchée chez nous en matière de deniers publics. L'individu qui hésiterait à faire tort d'un centime à son prochain n'a aucun scrupule quand il s'agit de l'Etat. Les mœurs autorisent la contrebande et, tout comme jadis en Espagne, elle ne fait aucun accroc à l'honneur. Pourtant, c'était aller un peu loin que d'étendre cette tolérance jusqu'aux effets publics et songer à les faire payer une seconde fois. Cela pouvait être très hardi, mais en même temps cela devait être très dangereux. Sans doute, dans un passé encore récent, on avait prétendu que certaines dettes dont on avait fait disparaître, à la faveur d'un mouvement révolutionnaire, les pièces qui libéraient l'Etat, avaient été repayées, mais ces faits n'avaient jamais été prouvés et n'auraient eu, en tout cas, qu'un caractère accidentel. Et puis, la Banque, contrôle vigilant de l'administration financière, n'existait pas à cette époque. Et comment lui dérober un titre pour lequel il y avait eu un ordre de paiement du ministre des finances, ordre de paiement déjà acquitté ? Le dérober, passe encore, mais le présenter à nouveau à la même caisse, au même établissement pour être repayé, voilà ce qui paraissait impossible. Au surplus, la Banque, en payant, n'oblitérait-elle pas le titre ? A supposer qu'elle ne le fît pas, n'enregistrait-elle pas les titres payés ? Les livres du ministère des finances avaient disparu ; mais les siens !...

La pratique démontra que rien n'était plus facile. Des mandats de paiement déjà acquittés par la Banque sur l'ordre du ministère des finances furent représentés au ministre pour obtenir un nouvel ordre de paiement. D'où venaient ces mandats ? Évidemment, ils avaient été volés à la Banque, qui avait négligé, en les payant, de les annuler. Ils furent tranquillement repayés et, cet essai ayant réussi, on allait présenter les gros chiffres quand un accident dérangea tout, un grain de sable, le même qui se mit dans le canal de Cromwell.

Cette fois, ce fut sous la forme d'un employé supérieur du ministère des finances qu'il se manifesta. Cet esprit morose, qui se mêlait évidemment de ce qui ne le regardait pas, avait contracté la déplorable habitude de consigner dans un petit carnet de poche, jour par jour, avec leurs numéros d'ordre et les noms des titulaires — en dehors de la comptabilité ministérielle — les mandats dont le ministre ordonnait le paiement. Ce maniaque — quel autre nom lui donner ? — prenait plaisir à ce travail. Les gros livres de la Banque se taisaient, le carnet parla.

Le 29 mars 1884, le journal l'*Œil* disait :

« L'opération à laquelle a donné lieu la négociation frauduleuse de ces effets publics nous semble avoir été faite avec trop de précipitation ou de légèreté, avec trop d'imprudence et demeure entachée de trop d'irrégularités pour qu'il soit nécessaire de signaler l'indifférence que rencontrent les intéressés et de les consoler de leur déboire ou de leur déception.

« La seule chose qu'il importe de faire, c'est de dissiper les soupçons qui planent soit sur l'administration, soit sur la Banque ; de démentir, par des preuves et des faits, les honteuses négligences qu'on attribue à l'une ou à l'autre.

« Il faut une enquête à tout prix et sans retard.

« Il y a un coupable ; quelle que soit l'impunité derrière laquelle il se cache, quelle que soit sa position, il faut le rechercher, le découvrir, le dénoncer. Plus haut il se trouve, plus bas il doit tomber.

« Mais avant tout, maintenant que l'éveil a été donné, il convient de ne pas *étouffer* l'affaire par des concessions mutuelles ou des complaisances réciproques ; et il importe surtout de ne pas dénaturer son caractère propre (!). Les influences officielles puissantes ou consulaires ne sauraient être prises en cause ; cette opération est du parquet ; et la seule voix autorisée à se faire entendre est celle du ministère... public par l'organe d'un juge d'instruction.

« Cette enquête est, d'ailleurs, facile et doit donner satisfaction immédiate à l'opinion publique, puisque les porteurs des mandats n'ont qu'à faire connaître leurs vendeurs pour que la justice les aide à rentrer dans leurs débours et poursuivre les criminels avec toutes les rigueurs de la loi. »

Cette même année, le général Salomon, dans l'exposé de la situation soumis aux Chambres, s'exprimait ainsi :

« Il a été suggéré à mon secrétaire d'Etat des finances, par suite de la destruction des archives de la secrétairerie d'Etat, dans l'incendie du 23 septembre, la pensée que les feuilles et mandats acquittés antérieurement à cet événement soit au moyen de transaction, soit par la Banque elle-même, pouvaient être d'une façon ou d'une autre remises dans la circulation par des spéculateurs de mauvaise foi. Cette pensée a dû naturellement lui commander des précautions pour empêcher la réalisation de cette manœuvre et arrêter ainsi un agio par trop dangereux. C'est ainsi que, dès le 20 novembre, les porteurs de mandats et reconnaissances émis jusqu'au 31 août écoulé furent prévenus que ces titres ne seraient ni payés ni reçus dans aucune transaction avec l'Etat, s'ils n'étaient dûment accompagnés d'un certificat de la Banque et du commissaire spécial du gouvernement près cet établissement de crédit, constatant la validité de ces effets. La Banque et le commissaire du gouvernement avaient reçu l'ordre de dénoncer au département les individus qui ne leur auraient pas présenté des titres réguliers afin qu'ils fussent recherchés.

« Cette mesure, messieurs, commandée par la prudence, n'a pas tardé à produire ses fruits.

« Ces mandats de l'administration du général Damier, secrétaire d'Etat des finances, dressés contre des ordonnances émises pour le service de la ration des militaires, présentés au ministère par le commerce, ont attiré l'attention du département des finances qui n'a pas compris qu'on pût les escompter. »

Le 9 juillet, on discutait à la Chambre des représentants la réponse à l'exposé de la situation, je proposai et fis voter le paragraphe suivant :

« L'assemblée se plait à compter sur l'activité de votre gouvernement pour découvrir l'origine des fraudes qui, en mettant en circulation des mandats et des feuilles déjà payés, pourraient compromettre le renom d'une institution dont le pays avait salué la création comme devant ramener à jamais l'ordre et la régularité dans nos finances.

« Elle demande, et avec elle l'opinion publique justement alarmée, que le résultat des investigations des deux commissions que vous avez instituées lui soit communiqué le plus tôt possible. — Elle prévoit qu'elle aura des mesures à prendre pour sauvegarder les intérêts de l'Etat, toujours menacés quand ils sont confiés à des mains négligentes ou coupables. »

On a compris, sans doute, dans quel but j'ai entrepris ce travail : démontrer le rôle que la Chambre des députés, dont j'étais membre, a tenu dans la circonstance. Je ne songe pas à faire l'historique détaillé de ce curieux procès. Je m'attacherai seulement aux lignes indispensables à mon sujet. Je ne viens pas réveiller des souvenirs irritants, remettre sur la scène des noms dont la responsabilité n'a jamais été nettement définie, dans une procédure mal emmanchée qui, fort simple au début, a fini comme un procès politique par la faiblesse et l'ingérence coupable du gouvernement et la pusillanimité de la Banque. Je veux simplement mettre dans son vrai jour l'attitude que quelques patriotes gardèrent dans cette occasion, attitude dont ils furent récompensés par la plus atroce des dénonciations. Ils savaient bien les dangers qu'ils couraient ; on prenait soin de les en avertir officiellement, mais jusqu'au bout ils firent leur devoir, persuadés qu'il pouvait en résulter un bien pour le pays.

Pour moi, à montrer le spectacle de cette assemblée sur laquelle l'ascendant de Salomon, jusque-là, s'était exercé sans contrepoids, résistant, cette fois, à toutes ses sommations et refusant de faire ses volontés, je trouve une satisfaction à me prouver que l'Haïtien est encore sensible et crédule quand on lui parle des intérêts de la Patrie. Il n'est pas tout à fait mort, le vieux cœur de nos pères ; il vibre difficilement et bien rarement, mais il vit pourtant !

Dès le début, la Banque nationale d'Haïti adopta une attitude de prévenue, presque de coupable. Certes, elle avait une grande responsabilité pour avoir par sa négligence laissé reparaître en circulation des mandats déjà payés, pour en avoir elle-même repayé un certain chiffre. Mais quoi ! ne pouvait-elle pas, le premier moment de stupeur passé, faisant trêve à ses hésitations, déposer hardiment sa plainte au parquet de la capitale, faire saisir les mandats volés partout où on les trouverait et exiger que les détenteurs de ces mandats lui fissent connaître les noms de ceux qui les avaient vendus ?

C'était élémentaire, c'était le moins qu'elle dût à l'opinion publique, c'était ce que ses intérêts, ou comme banque d'État ou comme établissement privé, lui ordonnaient de faire.

Elle ne sut ou ne voulut agir ainsi. Et, quelque temps après la découverte de ces vols, on allait jusqu'à dire que la Banque était en négociation pour racheter les mandats dérobés ! On citait, encore tout bas, mais tout à l'heure tout haut, les noms des heureux détenteurs de ces effets escomptés à vil prix, les enviant et regrettant de n'avoir pas eu sa part de l'aubaine ! Tel jour, lesdits effets allaient être rachetés par la Banque à 50 0/0 ; un peu plus tard, les détenteurs en exigeaient le paiement intégral et finalement on allait jusqu'à affirmer que les effets volés faisaient prime, la Banque tremblant de peur et voulant les racheter à tout prix !

La Banque nationale d'Haïti avait l'air d'avoir complètement perdu la tête..... Au lieu d'assigner, ce fut elle qui fut assignée. Un de ses employés l'accusa, par acte judiciaire, d'avoir frustré l'Etat par de fausses écritures intentionnellement passées. Force alors lui fut de sortir de sa réserve, et comment le fit-elle ? Elle demanda au ministre des finances de nommer une commission pour vérifier ses comptes avec l'Etat. Cette commission fut nommée et avec elle une deuxième chargée de vérifier les mandats suspects.

La Chambre des députés, aussitôt qu'elle eut appris que les rapports des deux commissions avaient été déposés, adressa un message pour les réclamer. Le 4 août 1884, le ministre des finances lui fit parvenir le rapport relatif à la vérification des livres de la Banque. Il concluait à une restitution de 39,448 piastres 54 de valeurs indûment portées au débit de l'Etat. La Chambre nomma une commission de quinze membres pour examiner tant ce rapport que celui qui ne lui était pas encore parvenu relatif aux mandats.

Le 26 août, cette commission donna lecture à la Chambre du procès-verbal de sa première réunion :

Commission spéciale de la Chambre.

« La commission spéciale nommée par la Chambre des représentants, dans sa séance du 4 courant, s'est réunie ce jour à l'effet de poursuivre ses travaux.

« Délibérant sur le rapport de la commission chargée de vérifier les livres de la Banque, la commission spéciale décide ce qui suit :

« La Banque ayant passé ses écritures dans l'intention manifeste de frauder l'Etat, la commission spéciale, dans son rapport, proposera à la Chambre des représentants de déclarer la Banque reconnue coupable, en état de suspicion légitime vis-à-vis des mandataires du peuple, représentants directs de la nation; d'écrire au secrétaire d'Etat des finances pour ordonner la restitution des fonds détournés, soit : P. 39,448,54 c. avec intérêts, puis de déclarer que, le personnel de la Banque n'ayant plus la confiance du pays, il y a lieu de lui retirer le service de la trésorerie jusqu'à ce que le gouvernement ait introduit des réformes dans le service. »

Le 16 août, le *Moniteur* publiait, en tête de ses colonnes, le rapport de la commission chargée de la vérification des mandats. Le département des finances le faisait précéder des lignes suivantes :

« A la date du 27 février de cette année, le secrétaire d'Etat des finances et du commerce a invité tous les détenteurs de mandats de paiement, émis avant le 22 août 1883, à les présenter, du 3 mars au 3 avril, à une commission, siégeant dans ses bureaux, pour être transcrits et contrôlés.

« Les travaux clos à la date précitée, et le registre des transcriptions tenu à la disposition du secrétaire d'Etat des finances, il a été enjoint à la même commission de s'assurer de la validité de ces mandats, en lui donnant toutes facultés de porter ses investigations tant à la secrétairerie d'Etat des finances qu'à la Banque nationale.

« La commission, dont le zèle et l'activité ne se sont pas ralentis un seul instant, et qui, à ce titre, mérite les plus grands éloges du gouvernement, lui a présenté son *premier* rapport du 28 juillet dernier.

« Il ressort de ce rapport que l'action de la justice doit être mise en mouvement par la Banque : le gouvernement s'est trouvé sur ce point en parfaite conformité de vues avec la commission.

« Il a tenu cependant à convaincre la Banque que son devoir et ses intérêts lui commandaient de dénoncer à qui de droit les actes frauduleux qui se sont accomplis chez elle, de provoquer elle-même une enquête judiciaire, avant la publication par le gouvernement du rapport en question, que, d'ailleurs, il n'avait pas hésité à communiquer à la Chambre des Communes, sur le désir manifesté par celle-ci.

« Devant le refus obstiné de la Banque d'accéder au vœu légal de donner cours à une procédure régulière, devant son intention formelle ou écrite de dégager sa responsabilité non seulement à l'égard des doubles emplois constatés, mais encore en ce qui concerne les mandats enlevés de chez elle et remis en circulation, devant sa déclaration exprimée de la même manière que l'initiative de la dénonciation du vol n'appartient pas à elle seule, devant ses arguments plutôt spécieux que concluants, le gouvernement a pensé, avec la Chambre des Communes, qu'il n'y a pas lieu de différer la publication du rapport.

« En lisant ce rapport, on se convaincra que les intérêts du pays ne peuvent être aucunement lésés, la responsabilité des doubles emplois et celle des mandats enlevés, incombant tout naturellement à la Banque, qui avait pour devoir de conserver scrupuleusement les pièces, qui seules, à un moment donné, sont appelées à établir le bien fondé de ses comptes. »

Le rapport de la commission, trop long pour être inséré ici, concluait ainsi :

« La commission estime que la Banque nationale, étant en faute, doit être tenue responsable des conséquences qui résultent ou peuvent encore résulter de sa négligence, car les mandats de paiement acquittés par elle ou par l'intermédiaire du secrétaire d'Etat des finances, le général Damier, par dérogation au réglement sur le service de la trésorerie, frappés ou non du timbre « Payé » avaient été confiés à sa garde. Elle aurait dû pouvoir les représenter au besoin.

« En conséquence, elle doit le remboursement des sommes payées une deuxième fois, soit : *quatorze mille neuf cent trois gourdes quarante centimes* (G. 14.903.40) les écritures passées de ce chef n'étant pas fondées en définitive.

« Les mandats payés, puis remis frauduleusement en circulation, présentés et enregistrés, doivent être laissés à la charge de la Banque nationale. Elle discutera, si bon lui semble, ses intérêts vis-à-vis des porteurs.

« Quant aux mandats et autres effets publics remis frauduleusement en circulation, et qui n'ont pas été présentés à la transcription de la commission, elle pourra employer tous les moyens que la loi lui accorde pour les faire déclarer nuls.

« Dans votre dépêche du 7 avril 1884, au n° 404, vous invitiez la commission à vous dénoncer les porteurs de mandats reconnus irréguliers. Evidemment le mot « dénoncer » ne peut vouloir dire ici qu'une chose : *déclarer faire connaître* ; il ne saurait être pris dans son acception juridique *signaler à la justice*, car alors tous les porteurs devraient être considérés, *ipso facto*, comme complices du fait délictueux commis au préjudice de la Banque, ce qui ne saurait admis ni par vous, ni par la commission.

« Quant au surplus de mandats non encore vérifié, la commission s'efforcera d'en fixer au plus tôt la vérification, afin de se trouver en mesure de vous faire un rapport final de ses investigations. »

On le voit, la Banque, se retranchant derrière une inexplicable réserve et d'injustifiables faux-fuyants, se refusait à prendre l'initiative de toute poursuite. Pourtant elle était la première et la principale intéressée au débat. Il était patent que le détournement avait été commis chez elle et grâce à sa négligence. Elle méconnaissait, par son affectation à dégager sa responsabilité, une des règles essentielles du Code civil, qui veut que « le mandataire réponde non seulement du dol, mais encore des fautes qu'il commet dans sa gestion ». Payée pour faire le service de la trésorerie, elle était absolument le mandataire de l'Etat, et si, dès le début, elle eût compris ce rôle et mis l'action publique en mouvement, ce procès n'eût pas pris les proportions qu'il prit plus tard et fût resté clair, banal comme le sont les procès de cours d'assises en matière de vols. De leur nature propre, ils ne sont ni passionnels, ni suggestifs. La résolution et l'énergie eussent terrifié les coupables, et les escompteurs, comme cela arriva plus tard, de crainte de voir saisir les mandats entre leurs mains, les eussent détruits.

La conduite embarrassée de la Banque, ses hésitations et finalement le refus de faire son devoir surexcitèrent l'opinion publique. La confusion fut extrême ; la passion s'en mêla, tout grossit démesurément et jamais péril ne fut plus intense pour un établissement financier. Plus il avait peur d'avancer, plus il était flottant et timide, plus les clameurs s'élevaient contre lui, tel un homme, jouet d'une populace en délire, qu'un peu de résolution pourrait sauver, mais que la lâcheté perd certainement.

La Chambre n'avait pas créé l'agitation; elle ne l'exploitait nullement au profit de sa popularité, mais elle ne pouvait rester, on le comprendra, indifférente à ce qui se passait. Elle était résolue à empêcher que l'affaire ne fût étouffée. Elle était décidée à obliger la Banque à prendre elle-même l'initiative des poursuites. Toute sa crainte était de voir le gouvernement se mettre en son lieu et place et faire le procès pour elle. Et de fait, quand on voit, au commencement, le département des finances demander à la commission « *de dénoncer les porteurs des mandats reconnus irréguliers* », on ne peut s'empêcher de remarquer que les rôles furent bien près d'être déplacés. On peut dire que c'est grâce à la pression de la Chambre que la Banque finit par prendre l'initiative de la plainte. Elle le fit un peu tard. Ce fut en novembre 1883 qu'on découvrit les vols ; ce ne fut que fin d'août 1884 qu'elle se décida à agir.

Le 16 août, la Banque protestait contre les conclusions de la commission de la façon suivante :

« La Banque proteste énergiquement et formellement contre les appréciations et les conclusions soutenues au rapport de la commission chargée de la vérification des mandats.

« Elle les déclare nulles et non avenues.

« La Banque repousse un blâme immérité, que la commission n'avait aucun droit ni aucune mission de lui infliger, pas plus qu'elle, commission administrative, n'avait droit ni mission pour s'ériger en tribunal, trancher des responsabilités et conclure ainsi qu'elle le fait.

« La commission a outrepassé ses pouvoirs.

« Son verdict est inutile et sans valeur.

« Des titres de créances nominatifs contre l'Etat sont-ils définitivement éteints par le paiement qui en a été fait et dont il est justifié?

« Ces titres, une fois payés et revêtus de l'acquit du titulaire ou du payeur, doivent-ils, par hasard, être reconnus valables parce qu'ils ont été volés et remis en circulation frauduleuse?

« Doivent-ils puiser une nouvelle virginité dans leur origine frauduleuse?

« Voilà ce qu'il y avait à dire. L'arrêté de forclusion du secrétaire d'Etat des finances se prononçait de lui-même sur les titres non présentés à la commission, dans le délai fixé.

« En allant plus loin, la commission a manqué le but de son institution. Elle risquait d'égarer l'opinion publique et celle des Chambres. Elle a réussi, à un moment fort inopportun, à jeter une perturbation gratuite dans les rapports du gouvernement et de la première institution nationale de crédit.

« Voilà la responsabilité qu'elle a assumée.

« La Banque rejette d'autant plus vivement le blâme et les responsabilités qu'on essaie de faire retomber sur elle que l'inobservation des prescriptions du règlement de trésorerie, le mode irrégulier de paiements adopté par le précédent ministère ont certainement contribué en fait, comme aux yeux de l'opinion publique, à rendre possibles les détournements en question.

« Le verdict de la commission ne pourrait-il se retourner contre le gouvernement lui-même, si l'on établissait que les faits analogues à ceux dont la Banque a été victime ont pu se passer au ministère!

« Loin de devoir être attaquée, la Banque a droit à une protection et à un appui particuliers de la part du gouvernement; les intérêts lésés sont communs!

« A deux reprises, et dès le 4 juillet dernier, la Banque a signalé au secrétaire d'Etat des finances et à celui de la justice, les fraudes commises au détriment du gouvernement aussi bien qu'à celui de la Banque, afin qu'il fût fait une enquête judiciaire. La Banque vient de renouveler sa plainte. »

Dans cette protestation, il y a un point que je tiens à relever et qui peut être toujours d'actualité. C'est que quand la Banque parle de paiements irréguliers, quand elle argue de l'inobservation des prescriptions du règlement de trésorerie, elle tombe dans une erreur naïve. Rien ne la justifie moins qu'un tel argument. Eh ! n'est-ce pas, en effet, pour rappeler à cette observation qu'elle a été établie? N'est-ce pas pour maintenir la règle, la règle écrite, tout au moins dans ses rapports avec l'administration et pour sa propre responsabilité, qu'elle a été instituée? En dehors de l'intérêt du pays, il y a son intérêt particulier et le souci de sa réputation à obliger les ministres au respect des règlements de trésorerie. Elle ne devrait jamais l'oublier.

A la même date, le conseil des secrétaires d'Etat adressait à M. Ch. de Montferrand, secrétaire général de la Banque nationale, cette importante dépêche :

Port-au-Prince, le 16 août 1884.

CONSEIL DES SECRÉTAIRES D'ÉTAT

Monsieur Ch. de Montferrand, secrétaire général de la Banque nationale d'Haïti et délégué du Conseil d'administration de Paris.

« Monsieur le secrétaire général,

« Le gouvernement a pris connaissance de la lettre que vous lui avez adressée le 8 courant, et il tient à vous démontrer que ce n'est point par un parti pris, qui ne saurait s'expliquer, qu'on a fait retomber sur la Banque la responsabilité des irrégularités qui se sont produites chez elle, mais bien parce que cette responsabilité découle de sa mission, de la nature de ses fonctions et de ses devoirs légaux.

« Vous verrez, avec le rapport de la commission des mandats, inséré au *Moniteur* de ce jour, les raisons qui ont porté le gouvernement à n'en pas différer la publication. Et de fait, monsieur le secrétaire général, le pouvoir exécutif manquerait à son devoir en refusant d'accéder à un juste désir d'une des branches du Corps législatif, quand il considère surtout votre persistance à repousser une initiative qui vous est commandée par la loi, et même, croyons-nous, par une compréhension bien entendue de vos véritables intérêts.

« Devant un désaccord d'opinions aussi manifeste, le gouvernement se trouvait dans l'obligation de trancher la question, et c'est ce qu'il a fait en publiant un rapport dont la lecture permettra à tous de se formuler une opinion saine et impartiale sur des faits qui intéressent toute la société haïtienne.

« Si l'exécution des conclusions de ce rapport et sa publication sont de nature à vous atteindre dans vos intérêts et dans votre considération, il faut vous en prendre, non à nous, mais au laisser-aller regrettable constaté dans l'administration de la Banque, la seule cause de ces paiements répétés d'un même mandat ou de la remise en circulation d'effets déjà acquittés.

« Une administration qui se respecte, qui tient à faire son devoir, à se ménager une page élogieuse dans l'histoire, et qui, comme la Banque, a par conséquent ses intérêts tant moraux que matériels à sauvegarder, ne pouvait les négliger; elle devait de plus éclairer l'opinion publique, afin de ne pas encourir des reproches mérités.

« Si c'est là de l'égoïsme, vous avouerez, dans tous les cas, qu'il est bien louable de la part d'un mandataire.

« Aussi la menace que vous nous faites de répondre à la publication du rapport par celle de votre lettre ne nous a-t-elle nullement préoccupés, convaincus que nous aurons gain de cause dans une publicité que nous sommes loin de redouter !

« Nous repoussons avec énergie le non-sens que vous nous attribuez de vouloir demander au Corps législatif une loi d'après laquelle tous les mandats *frauduleux* ne seraient déclarés nuls qu'après un nouveau délai d'enregistrement. Nous avons invité tous les détenteurs des mandats à les présenter à la transcription et au contrôle ; nous n'avons aucun droit d'exprimer une opinion défavorable sur ces titres, avant de les avoir vus, examinés et vérifiés ; c'est après ce travail qu'il y aura à se décider ; et si nous avons pensé à proposer un nouveau délai d'enregistrement, c'est que sur cette question tout le monde est d'accord qu'une décision administrative ne suffit pas pour affirmer une déchéance qui, dans tous les cas, ne pourrait porter que sur des mandats *non présentés*.

« N'est-il pas avéré que des mandats déjà payés, remis en circulation, ont été présentés à la transcription, et cette transcription peut-elle leur retirer un caractère frauduleux ? Comment arguer, après cela, qu'un nouveau délai d'enregistrement équivaudrait à présumer de la validité des mandats en retard ?

« Nous ne comprenons pas que vous protestiez contre le reproche de négligence adressé à la Banque, à l'occasion du fait de l'enlèvement des mandats. Elle en avait la garde, elle était intéressée plus que personne à les conserver, car eux seuls, légalement, peuvent montrer le bien fondé de ses comptes. Comment prouver l'exactitude de ses débits, sans exhiber les pièces qui les constituent ?

« Evidemment la Banque est fautive et nous hésitons à croire que votre conseil d'administration n'en blâmera par la direction chargée de gérer ses intérêts.

« A votre sens, l'administration des finances partage avec vous la responsabilité de l'abus de confiance dont vous avez été victime.

« Parce que, dites-vous, si les stipulations du service de trésorerie avaient été strictement suivies, c'est-à-dire si les effets enlevés avaient été payés directement par la Banque, elle les aurait frappés du timbre « *Payé* » et ils n'auraient pu être remis en circulation.

« Et pour preuves convaincantes, vous établissez que tous les mandats, échangés à votre caisse, contre espèces, et payés, conformément au règlement du service de trésorerie, *sauf exceptions tellement infimes qu'elles confirment la règle*, sont en votre possession, dûment annulés ou frappés de l'estampille « *Payé* ».

« Nous notons en passant qu'il y a des exceptions à cette règle générale, c'est-à-dire que tous les mandats payés à votre caisse n'ont pas été *tous* annulés, et qu'ils ne sont pas *tous* en votre possession. S'il en est ainsi, qu'y aurait-il d'étonnant si l'on constatait, dans le cours d'autres investigations, de nouveaux doubles emplois, ou de nouvelles circulations frauduleuses? Est-ce que l'administration des finances partagerait encore cette responsabilité avec la Banque? Et parce que le vol s'est accompli plus largement sur les mandats remis en régularisation, que vous aviez l'obligation d'annuler comme les autres, s'ensuit-il qu'il ne se soit pas étendu sur les mandats remis à la caisse, puisque, de votre propre aveu, ils n'ont pas été *tous* annulés, et qu'ils ne sont pas *tous* présents chez vous?

« Que les mandats aient été directement ou indirectement payés par la Banque, pensez-vous, monsieur le secrétaire général, que, s'ils avaient été tous frappés du timbre d'annulation, ils auraient pu reparaître dans la circulation? Est-il possible que vous vous retranchiez derrière les prescriptions du service de trésorerie, pour rejeter la responsabilité d'une coupable négligence sur un autre, quand nous lisons dans votre lettre que, « pour se dégager d'une responsabilité, il est contraire à tous les principes de droit de la rejeter sur un autre ».

« Ces principes que vous invoquez, ne nous est-il pas permis de les retourner contre la Banque, et à plus forte raison dans le cas qui nous occupe?

« Est-ce que la non-exécution du règlement du service de trésorerie, c'est-à-dire le paiement par le secrétaire d'Etat des finances des effets publics, empêchait la Banque d'annuler les mandats qui lui étaient remis, en régularisation des sommes qu'elle avait consenti à avancer elle-même, en dérogation de ce même règlement?

« L'administration ne lui faisait-elle pas l'obligation de lui remettre ses reçus provisoires en retour de ces mêmes mandats? N'est-ce pas là la preuve la plus évidente qu'elle tenait à régulariser ce qu'elle avait fait d'irrégulier dans les moments pressants, et dans des temps anormaux; et c'est pour avoir été moins régulier qu'elle que vous la déclarez responsable de vos irrégularités!

« Des mandats remis en régularisation, comment donc se fait-il qu'une partie soit présente chez vous avec le timbre « *Payé* » et que ce timbre manque à l'autre partie, absente de la Banque?

« Qui est responsable de cette négligence?

« Ce n'est donc pas parce que le règlement du service de trésorerie n'a pas été suivi strictement que le vol a pu s'accomplir, mais évidemment parce que la Banque a manqué à sa mission et à ses devoirs légaux.

« Vous déclarez, monsieur le secrétaire général, que les mandats payés directement par la Banque sont frappés de l'estampille obligatoire.

« Sans vous rappeler les exceptions infimes que vous avez vous-même consacrées, n'est-il pas de notoriété publique que c'est après la découverte du vol que ce travail d'estampillage s'est fait sur la plus large échelle, et que dès lors, ayant constaté que vous n'étiez pas tout à fait en règle, vous avez songé à prendre toutes les précautions que nécessitaient les circonstances ?

« Après avoir offert d'indemniser l'Etat des pertes provenant des doubles emplois, vous protestez aujourd'hui contre ces mêmes doubles emplois que la commission met à votre charge, et vous ajoutez que la responsabilité est commune entre vous et le gouvernement, les deux premiers paiements étant appuyés d'un ordre régulier.

« Vous oubliez sans doute que ces paiements n'ont été faits qu'après votre déclaration écrite que les mandats n'avaient jamais été acquittés; que dans une autre lettre vous dites que tous les mandats acquittés portent le timbre « *Payé* », ce qui tout naturellement pouvait dispenser le secrétaire d'Etat des finances de s'adresser à vous pour s'assurer de la validité d'un mandat.

« Est-ce donc de sa faute si la Banque lui a fourni des renseignements inexacts ?

« Nous pensons, monsieur le secrétaire général, que votre argument, qui consisterait à obliger le secrétaire d'Etat d'annuler les mandats qu'il payait, avant de vous les envoyer en régularisation, n'est pas admissible en bonne logique.

« C'était à vous à les annuler en les recevant; ils ne devenaient nuls que lorsqu'ils vous parvenaient en régularisation de valeurs que vous aviez avancées, et la preuve, c'est que nombre de ces mandats ont été annulés par vous

« Nous pensons encore que tout propriétaire peut aliéner sa propriété; les mandats de paiement ont, jusqu'à un certain point, une valeur circulative, et peuvent se transmettre par un simple acquit qui équivaut à un endos en blanc.

« Si c'est là une erreur qui, dites-vous, s'est propagée dans certains cercles commerciaux, tout le monde l'a évidemment pratiquée par l'escompte de ces effets publics, remis au gouvernement, en addition de prêts effectifs qu'on lui faisait.

« Enfin, vous repoussez la conclusion de la commission qui

met à votre charge les mandats frauduleux enregistrés et ceux qui, jusqu'à présent, ne l'ont pas été, en vous laissant toute liberté de vous entendre avec les tiers porteurs et de provoquer l'annulation des mandats en retard. Le gouvernement, selon vous, doit participer à cette œuvre.

« Il ne le peut pas.

« Celui qui a commis la faute doit seul en chercher la réparation par tous les moyens que la loi met à sa disposition.

« La dénonciation du vol, par-devant qui de droit, vous appartient sans conteste. C'est à vous à provoquer, sans aucune participation du gouvernement, une enquête judiciaire sur le vol commis à la Banque, à vous à demander l'annulation des mandats qui lui ont été enlevés.

« C'est là, nous le croyons, votre devoir et votre droit, et nous devons regretter, pour la sauvegarde de vos intérêts, que vous vous refusiez à suivre cette voie, malgré la promesse du concours moral du gouvernement.

« Si vous avez réclamé une enquête judiciaire, c'est toujours en mettant le gouvernement en cause, et en prétendant que l'action doit être commune entre vous et lui : c'est ce qui ressort évidemment de votre lettre du 4 juillet, combinée avec votre note verbale qui l'a suivie.

« Nous croyons avoir répondu à tous les points de votre lettre du 8 courant, avoir établi nettement le bien fondé des conclusions du rapport de la commission des mandats, dont la publication n'a pu être différée, pour les motifs exposés dans la note du *Moniteur* de ce jour, élucidés et démontrés dans cette dépêche.

« Heureux de penser que nous avons fait tout notre devoir dans la circonstance, nous laissons la responsabilité des conséquences d'un procédé contraire à nos vues à ceux qui, malgré nos avis sincères et réitérés, ont pensé que son adoption les conduirait plus sûrement au but qu'ils poursuivent.

« Toutefois, nous ne devons pas hésiter à instruire les membres du conseil d'administration de Paris de tout ce qui s'est passé. Nous avons pleine confiance dans leurs lumières, leur équité, leur loyauté, et, en se constituant juges impartiaux des faits qui se sont déroulés à la Banque, ils ne manqueront pas, nous l'espérons, de mettre toutes les fautes commises à la charge de sa direction et de nous envoyer un délégué avec tous les pouvoirs nécessaires pour donner la plus large satisfaction aux grands corps de l'Etat et à l'opinion publique, justement alarmés des faits relatés dans les rapports des deux commissions nommées par le secrétaire d'Etat des finances.

« Agréez, monsieur le secrétaire général, les assurances de notre haute considération. »

Le 19 août, la commission spéciale de la Chambre des députés soumettait à la sanction de l'assemblée la résolution suivante :

« La Chambre des communes,

« Vu les rapports des deux commissions nommées par le pouvoir exécutif le 27 février et le 7 avril,

« Déclare ce qui suit :

« La Banque nationale d'Haïti, dépositaire officiel des valeurs encaissées pour le compte de l'Etat, est et demeure responsable vis-à-vis de lui :

« 1° D'une somme de trente-neuf mille quatre cent quarante-huit piastres cinquante-quatre centimes, qu'elle restituera en espèces effectives et avec intérêts, nonobstant toute prétention de sa part à se faire rembourser les sommes enlevées aux agences par les comités insurrectionnels de Miragoâne, de Jacmel et de Jérémie, l'institution étant haïtienne, ne pouvant, au reste, jouir ni comme haïtienne, ni comme étrangère, de privilèges que la loi n'accorde pas aux nationaux;

« 2° D'une somme de G. 11,903.40 qu'elle reconnaît elle-même avoir payée une deuxième fois, avec les deniers publics ;

« 3° Reconnue coupable d'une impardonnable négligence qui s'est traduite en vols opérés dans son propre sein, la Banque nationale d'Haïti est et demeure responsable vis-à-vis de l'Etat du montant total des mandats et ordonnances déjà payés et remis en circulation par le fait de détournements dont elle se prétend victime, tant de ceux déjà signalés par la commission et s'élevant à G. 259,153.60, déduction faite des G. 14,903.40, payés deux fois, que de ceux qui seraient découverts dans la suite ;

« Considérant, d'un autre côté, qu'il importe de prendre des mesures pour protéger les intérêts de l'Etat, dans le passé comme dans l'avenir, la Chambre des communes décide ce qui suit :

« Un état annexé à la présente résolution signalera à la nation les numéros des effets publics déjà payés et frauduleusement remis en circulation, s'élevant pour le moment à la somme de 274,057 gourdes, avec les noms de ceux en faveur de qui ils avaient été originairement émis et de ceux des porteurs actuels qui se sont fait connaître ;

« De nouvelles et actives investigations devant se poursuivre si des fraudes au préjudice de l'Etat venaient à être découvertes dans le surplus des mandats non encore vérifiés, les numéros de ces mandats, avec tous détails à l'appui, seront immédiatement, et par la voie du *Journal officiel*, portés à la connaissance de la nation, et ce, sous la responsabilité directe du secrétaire d'Etat des finances ;

« Toutes transactions généralement quelconques, dont ces mandats et ordonnances, ainsi solennellement dénoncés, pourraient être l'objet par quelque fonctionnaire public que ce soit et pour compte de l'Etat, seront considérées comme des crimes prévus et punis par le Code pénal ;

« Le montant des ordonnances et mandats déjà payés étant légitimement la propriété de l'Etat, et la Banque n'en étant que le dépositaire, un délai d'une année lui est accordé pour les représenter à l'administration supérieure, ou, à défaut de cette représentation, pour lui remettre une bonne et valable décision judiciaire qui les déclare nuls.

« Ce délai expiré, si la Banque ne pouvait représenter à l'Etat ni les mandats et ordonnances déjà payés, ni la décision judiciaire, l'Etat, pour se prémunir contre toutes éventualités, prendrait telles mesures que de droit, concernant les comptes statutaires et extra-statutaires de la Banque avec lui ;

« Une commission composée de quatre députés, de deux sénateurs, nommés par le Corps législatif, et de trois citoyens, au choix du pouvoir exécutif, sera chargée de la revision complète et totale des comptes du gouvernement avec la Banque depuis son installation jusqu'à ce jour ;

« Cette commission sera immédiatement formée et commencera ses travaux sans délai ;

« Dans le cours de ses investigations et à mesure que les circonstances les lui inspireront, la commission proposera au gouvernement tous les moyens qui lui sembleront indispensables pour sauvegarder les intérêts de l'Etat et aussi ceux de la Banque intéressée directement à ce que de semblables délits ne se reproduisent plus dans son administration.

« En attendant, et comme la Banque nationale d'Haïti, dans

la gestion des deniers publics, n'a pas montré toute la vigilance que le pays était en droit d'attendre d'elle, la Chambre des communes, pour sauvegarder les intérêts du fisc, ordonne au secrétaire d'Etat des finances de suspendre provisoirement le service de la trésorerie fait par la Banque jusqu'à ce que le personnel actuel, qui n'a pas la confiance du pays, soit radicalement réformé et que tous les comptes de l'Etat soient régularisés, approuvés et définitivement arrêtés entre la Banque et la commission dont il vient d'être parlé plus haut.

« Telle est, messieurs, la résolution que votre commission spéciale a l'honneur de vous proposer.

« En finissant, elle exprime un vœu, c'est que l'exécutif, pour former avec le Corps législatif la commission chargée de vérifier les comptes de l'Etat avec la Banque, depuis son installation jusqu'à ce jour, choisisse parmi les citoyens qui ont rempli leur devoir avec tant d'impartiale indépendance dans les rapports qu'ils ont faits sur les mandats et ordonnances déjà payés et remis en circulation et sur la vérification des livres de la Banque.

« Enfin, votre commission n'a pas pensé, et elle espère que vous l'approuverez, qu'il fût nécessaire d'entrer dans des considérations plus étendues, plus générales. Les faits sont trop éloquents et il faut les laisser parler tout seuls !

« Ils diront mieux et plus haut que personne combien étaient fondées les appréhensions du pays et quel contrôle doit être imposé tant aux dépositaires de l'autorité exécutive qu'aux membres du Corps législatif pour défendre la fortune publique exposée à de si rudes assauts. »

Ce projet de résolution fut le signal d'un déchaînement extrême contre la Chambre de la part du gouvernement et de ses organes officieux. On y vit l'indice d'un plan mûri, prémédité, non seulement pour attaquer la Banque, mais encore pour renverser le gouvernement. Salomon voulait condescendre à tenir la Chambre au courant des irrégularités, des fraudes commises, mais à la condition qu'elle n'émît pas la prétention d'en savoir autant que lui et qu'elle voulût prendre la direction de l'enquête. A-t-on jamais vu semblable outrecuidance ! Les députés se prendre au sérieux, et, au lieu d'attendre sagement les communications de l'exécutif, se mêler de voter des résolutions et d'*ordonner* aux ministres de suspendre provisoirement le service de la trésorerie. Il faut mettre bon ordre à ces écarts.

Aussi y eut-il une levée de boucliers dans la presse semi-officielle contre la *Chambre basse*, comme on prit l'habitude, dès cette époque, d'appeler la Chambre des députés. Ce qualificatif est, sans doute, pour marquer que le Sénat, qui est la *Chambre haute,* tient une place plus élevée dans la hiérarchie législative. Ceci est tout ce qu'il y de plus faux, de plus erroné, et selon notre constitution, et selon les mœurs de la démocratie. C'est bien plutôt le contraire qui est; mais comme l'appellation, avec l'idée d'infériorité qui s'y attache, semble prévaloir dans nos usages, on ferait peut-être bien d'y veiller, car avant longtemps l'idée que ce qualificatif comporte deviendra une réalité dans une de nos nouvelles et trop fréquentes constitutions.

D'un autre côté, l'opinion publique, endormie depuis des années, semblait s'être réveillée et se prononcer en faveur des efforts tentés par la Chambre. On lui savait gré de son attitude énergique, de sa vigilance à empêcher que le débat ne s'égarât. Une série de confidences, sous forme de fascicules, publiées chaque semaine par un des anciens sous-directeurs de la Banque, entretenaient et piquaient la curiosité publique. La gaieté trouvait son compte dans cette sorte de *Banque dévoilée*. Nos séances à la Chambre étaient très suivies et un public frémissant nous pressait d'agir.

Un sentiment, exclusif à coup sûr, mais très noble en lui-même, si on se reporte à notre histoire : la défiance de l'étranger, a longtemps dominé chez nous. Aujourd'hui, déchu de son origine, devenu oripeau et sali comme toutes les choses tombées dans le ruisseau, ce sentiment n'est plus qu'un tremplin à l'usage des faiseurs politiques. Il ne signifie plus rien et ne sert qu'à duper les masses. Tel qui l'emploie avec le plus de faconde n'hésitera pas, le cas échéant, et un peu d'argent à gagner étant en jeu, à livrer les intérêts les plus sacrés de son pays. Il n'y a donc plus à faire grand fond de ce sentiment. Il y aurait même plutôt à le tenir en suspicion, car il peut être une des mille formes que revêt, en Haïti, l'exploitation politique.

Lors de l'affaire de la Banque nationale, cette défiance, cette excitabilité contre l'élément étranger semblait renaître, à mon vif chagrin. Car personne plus que moi n'est partisan du progrès, et je comprends que ce progrès ne peut nous venir que du dehors. Rien ne me semble trop difficile à entreprendre pour arriver à une amélioration sociale ou économique quelconque. Mais, si je comprends qu'une large rémunération, de grands profits, une fortune rapide et facile soient le lot du capital étranger que nous appelons, je demande aussi, qu'en retour il nous donne des avantages équivalents. Pas d'exploitation, mais échange de services. Ce sont là des vues parfaitement correctes et qu'un Haïtien loyal doit pratiquer, à moins d'être une dupe ou un compère.

On ne pouvait, cependant, trop blâmer le sentiment national de se manifester et de revêtir même une certaine forme de langage qui, je me hâte de l'ajouter, ne doit plus être de mise en Haïti. La Banque avait été fondée pour remédier aux abus des anciennes trésoreries. Y remédiait-elle, à ces abus? Elle avait pris soin de répondre elle-même et fort piteusement. Et c'était pour ce déplorable résultat qu'on s'était dessaisi d'une des plus fortes branches de l'administration publique et qu'on avait retiré leurs emplois à quelques centaines d'Haïtiens! Rien n'était plus juste que ces récriminations, rien n'était plus fondé que ces plaintes.

Avec sa sagacité ordinaire, Salomon comprit qu'il ne fallait pas, pour arriver à ses fins, commencer par brusquer la Chambre, écho de ce sentiment public. Aussi, à différentes reprises, les députés qui passaient pour les plus influents furent appelés au palais et entretenus par lui. Quelques-uns, peut-être cinq ou six, tout au plus, se rendirent à ses raisons. Les autres restèrent inébranlables dans leur résolution de profiter de la situation créée par la Banque elle-même pour arriver à modifier son contrat. Personne ne songeait à rompre avec l'institution; mais, puisque jusqu'à ce jour elle avait semblé désintéresser sa cause de celle du pays, il était nécessaire de ne pas perdre une occasion qui, sans doute, ne se représenterait plus, pour en faire une vraie *Banque nationale*.

Jusqu'à ce jour, ce n'était qu'une pompe aspirante; il fallait en faire une pompe aspirante et refoulante. C'était chose aisée, si Salomon le voulait autant que la Chambre. Mais, malheureusement, il ne s'en souciait guère, et tous ses efforts devaient tendre, bien au contraire, à dénaturer la pensée des députés et à les présenter comme des conspirateurs dignes de la fusillade.

IV

Au palais de la présidence.
Vote du rapport de la commission spéciale.
Le *Moniteur de la République*.
Circulaire aux commandants d'arrondissement.
Rapport du Sénat.

Les efforts isolés ne réussissant pas à entamer la majorité de la Chambre, le général Salomon l'invita un beau matin à se rendre, en corps, près de lui. Elle s'y refusa d'abord et n'y consentit qu'après qu'il lui eut fait représenter qu'il était trop souffrant pour se transporter à son local et qu'il avait des raisons particulières à lui exposer que ses ministres ne sauraient dire.

Ce jour-là, Salomon parla longuement; les députés, muets, l'écoutaient. Il essaya, par des arguments *ad hominem*, et sentant bien que son auditoire n'était pas dans sa main, à provoquer une discussion afin de démolir victorieusement les objections. Rien, et on l'écoutait, voilà tout.

Qui n'a vu une de ces grandes audiences de Salomon, quand il venait avec cette certitude de sa supériorité, mais aussi, tout d'abord, avec le désir de plaire, de séduire, qui n'a vu une de ces audiences a manqué un spectacle fort intéressant. L'homme se dépensait, se prodiguait, enfonçait avec l'outil de sa parole persuasive et madrée le clou qu'il s'était promis de river dans la cervelle de ses auditeurs. S'il sentait une résistance, il revenait en arrière et patiemment prenait un biais, contournait la difficulté. Souple, félin, il jouait avec la souris le plus longtemps possible, et, en principe, penchait pour la guillotine par persuasion. Mais quand la bête ne se laissait pas faire, comme le félin auquel je viens de le comparer, Salomon, brutalement, lui cassait les reins d'un coup de patte.

Après avoir écouté discourir le président de la République durant une longue heure, les députés se levèrent et prirent congé de lui.

— Comment ! dit Salomon interloqué, vous vous en allez et vous ne dites rien !

— La Chambre fera connaître, répondit son président, sa décision à votre cabinet.

Par déférence pour sa personne, on s'était rendu au palais et on l'avait écouté ; mais on n'entendait communiquer officiellement qu'avec ses ministres. Un coup de tonnerre, le plus fort que les gorges de nos montagnes aient jamais répercuté, aurait produit moins de trouble que cette sortie des députés et la réponse de leur président. Salomon faillit en perdre l'équilibre, les ministres se regardèrent épouvantés, et nous étions déjà loin que l'auguste assistance n'avait pas repris ses sens.

Après une telle manifestation, on comprend qu'il fut facile de présenter quelques-uns d'entre nous comme des conspirateurs, des meneurs qui avaient perverti le bon esprit et les traditions de la Chambre. Quand Salomon pensait avoir épuisé les moyens de conciliation, il allait aux pires excès, et l'arbitraire chez lui revêtait les formes les plus extrêmes. Nous devions avant peu en faire l'expérience.

Le 25 août, la Chambre se réunit pour discuter le rapport de la commission spéciale et écouter les observations du Cabinet.

L'auditoire était nombreux et étrangement composé. D'un côté, les naïfs, ceux qui espéraient que vraisemblablement il sortirait de la séance quelque chose de sérieux et qui donnerait raison aux légitimes aspirations de la nation; de l'autre, les affidés, ceux qui avaient déjà reçu le mot d'ordre et, comme les sphynx de la fable, un demi-sourire sur les lèvres, savaient que la solution viendrait d'eux et attendaient le signal pour entrer en scène.

Le Cabinet donna lecture immédiatement de la pièce suivante :

Modifications proposées par le Conseil des secrétaires d'Etat à la Chambre des représentants aux conclusions du rapport de sa commission spéciale, dans sa séance du 25 août courant.

« Messieurs les Députés,

« Votre message du 19 août me remettait copie d'une résolution du comité spécial que vous avez nommé pour statuer sur les rapports de deux commissions chargées de vérifier les livres de la Banque et de s'assurer de la validité de smandats de paiement en circulation, et m'invitait, pour le lendemain, à assister à la discussion de cette résolution.

« Si le conseil des secrétaires d'Etats'est présenté ce jour à la Chambre des Communes et lui a demandé le renvoi de la discussion, c'est qu'il a tenu à étudier dans toutes ses parties avec le calme qu'il convient d'apporter dans l'examen de questions administratives et financières, la résolution de votre comité.

« Avant donc d'en aborder la discussion, permettez-moi de vous lire et de déposer sur vos bureaux une note générale des appréciations que nous a suggérées la résolution de votre comité.

« Tout d'abord, le gouvernement doit déclarer hautement qu'il poursuit le même but que vous, la moralité dans l'administration publique et la sauvegarde des intérêts du peuple haïtien.

« Sur ces points, nous sommes en parfaite concordance de vues. Nous pouvons seulement différer sur les moyens à employer pour y arriver, et cela ne doit pas étonner ceux qui savent que les grandes Assemblées délibérantes sont en général plus impatientes de parvenir à leur but qu'un pouvoir exécutif.

« Le gouvernement s'empresse de déclarer que ce n'est pas là un reproche de radicalisme qu'il adresse à la Chambre des Communes. C'est simplement un fait général qu'il constate et qui est commun à l'histoire de toutes les nations.

« Je vais aborder maintenant, en les suivant dans l'ordre de classification que vous avez adopté les différents points de la résolution de votre comité spécial.

« Nous sommes d'accord avec vous :

« 1° Que le gouvernement doit demander immédiatement à la Banque, en espèces effectives, et avec intérêts, sans tenir compte des sommes enlevées aux agences par les comités insurrectionnels, le remboursement de la somme de G. 39,448.54 qui lui appartient, sans conteste, d'après le rapport de la première commission, ainsi que celui d'un vapeur de G. 14,903.40 provenant de mandats remis en circulation, et repayés irrégulièrement, d'après le rapport de la seconde commission ;

« 2° Que la Banque doit être tenue responsable de ses négligences qui se sont traduites par des vols commis chez elle, et qu'en conséquence il lui appartient de mettre en mouvement l'action de la justice, afin qu'elle puisse justifier ses débits, par la présentation de mandats réguliers, seules pièces pouvant être légalement admises ;

« 3° Que, pour la présentation de ces mandats, il lui sera accordé un délai d'un an; ou, à défaut de cette présentation, celle d'une décision judiciaire ayant acquis l'autorité de la chose jugée, qui prononce la nullité desdits mandats;

« 4o Qu'après ce délai, si la Banque ne pouvait se conformer aux précédentes dispositions, le gouvernement aurait à prendre toutes mesures convenables pour la sauvegarde des intérêts de l'Etat et pour le règlement équitable de ses comptes statutaires et extraordinaires ;

« 5o Que toutes publications, telles qu'elles sont consignées dans la résolution de votre comité spécial, se sont exécutées, afin d'arrêter les transactions qui pourraient s'opérer, pour le compte de l'Etat, sur les mandats remis frauduleusement en circulation, transactions qui, si elles se faisaient, seraient immédiatement dénoncées à la justice pour les poursuites à diriger contre les fonctionnaires qui les auraient faites ;

« 6o Que les investigations à la Banque doivent être poursuivies, afin que si de nouvelles fraudes se découvrent, on suive pour les réprimer et pour s'en faire rembourser, la voie précédemment tracée ;

« 7o Q'une commission composée de quatre députés, de deux sénateurs, de trois citoyens au choix du Pouvoir Exécutif, à tirer de préférence parmi les membres de ces deux précédentes commissions, sera chargée de la revision complète et totale des comptes du gouvernement avec la Banque, depuis son installation jusqu'à ce jour ;

« 8o Que cette commission commencera immédiatement ses travaux d'investigation, et, au fur et à mesure de leur accomplissement, elle en informera le gouvernement pour lui proposer tous les moyens propres à sauvegarder les intérêts de l'État en même temps que ceux de la Banque.

« La plupart de ces déclarations sont clairement énoncées ou sont implicitement contenues dans la lettre du Conseil des secrétaires d'État à M. de Montferrand. D'autres en sont la conséquence.

« On peut vérifier ces assertions.

«Vous pensez, Messieurs les députés, que pour arriver à l'exécution de ces différentes dispositions, il faut :

« Parce que les administrateurs de la Banque, au Port-au-Prince, n'ont pas montré assez de vigilance dans la gestion des intérêts publics, suspendre provisoirement son service de perception jusqu'à ce que le personnel, qui n'a pas la confiance du pays, soit radicalement réformé, et que tous les comptes de l'État soient régularisés, approuvés et définitivemen arrêtés entre la Banque et la Commission à former.

« Ce sont les points qu'il s'agit d'élucider.

Dans le dernier paragraphe de la lettre du Conseil à M. de Montferrand, nous avons exprimé le désir de voir changer le personnel dirigeant la Banque. Nous avons dit que nous espérions que le Conseil d'administration de Paris s'empresserait de nous envoyer un délégué pour donner satisfaction au pays et à l'opinion publique, justement alarmés des faits relatés dans les rapports des deux commissions nommées par le gouvernement.

« C'était tout dire en quelques mots.

« Nous n'avons pas d'action directe, légale, sur le personnel de la Banque, qui est nommé par le Conseil de Paris ; mais nous croyons fermement qu'il comprendra, après tout ce qui s'est passé, le bien fondé de nos réclamations en ce qui concerne ce personnel.

« Le gouvernement et le Conseil de Paris forment deux groupes de mandants dont les intérêts se trouvent intimement liés. Les mandataires ne conviennent pas à l'un des deux groupes. Que doit faire l'autre groupe ?

« Inutile de répondre à cette question.

« Donc, dans l'actualité, il importe d'ouvrir des négociations pour atteindre le but que nous poursuivons. Elles commenceront immédiatement.

« En attendant, devons-nous suspendre avec la Banque le service de trésorerie ?

« C'est là le point capital de la question, sur lequel j'appelle sérieusement votre attention.

« Une décision de ce genre, prise par la Chambre des communes, serait une atteinte portée au décret organique de la Banque, voté solennellement le 10 septembre 1880 par l'Assemblée nationale.

« Ce que l'Assemblée nationale a fait, elle seule peut le défaire, et elle-même devient impuissante, quand elle a signé un contrat pour un temps déterminé !

« Une résolution de la Chambre des communes est sans force pour abroger un décret de l'Assemblée nationale. Une résolution de cette dernière est aussi sans force pour détruire un contrat bilatéral, dont la rupture violente peut se traduire par des dommages pour le gouvernement.

« Sommes-nous, de plus, préparés à changer ainsi, du jour au lendemain, le mode de perception de nos revenus ? Avons-nous sous la main tout ce qu'il faut pour cela ?

« Nous pensons que non.

« Le Conseil de Paris accédera au vœu que nous allons lui exprimer sur le changement du personnel de la Banque, et, en attendant, le secrétaire d'État des finances aura l'œil ouvert sur notre service de trésorerie, surveillera activement nos rentrées pour empêcher de nouveaux détournements des deniers de l'État.

« Ce sont là les modifications que le gouvernement propose à la résolution de votre Comité spécial. »

Le respect de la vérité à laquelle je ne faillirai jamais, même pour excuser et atténuer une erreur dont, d'ailleurs, j'ai ma part de responsabilité, m'oblige à déclarer que la Chambre commit une très grande faute en ne se ralliant pas immédiatement aux modifications proposées. Ce n'est pas que les difficultés administratives rendissent impossible le retrait de la trésorerie des mains de la Banque. Un ministre récemment l'avait fait et de sa seule autorité. Mais, en définitive, la Chambre obtenait beaucoup; elle obtenait tout ce qu'elle souhaitait, car le retrait du service de la trésorerie n'était qu'un moyen pour arriver au but qu'elle se proposait. Ce n'était pas le but lui-même et cela nous était parfaitement égal, en somme, que ce service, sous un contrôle vigilant, fût continué par la Banque, si son contrat était modifié et devenait plus profitable au pays. Il eût été cent fois plus sage, à la proposition du ministère, de répondre, par exemple, par l'ordre du jour suivant :

« La Chambre des Communes,

« Après avoir entendu lecture de l'Exposé du conseil des secrétaires d'Etat, sur la résolution de son comité spécial.

« Se rallie à la pensée du gouvernement, qui prend l engagement d'obtenir du conseil d'administration de Paris le changement du personnel dirigeant la Banque, lequel n'a pas la confiance du peuple ;

« Laisse au secrétaire d'Etat des finances toute la responsabilité de continuer, avec la Banque, le service de trésorerie déjà fortement compromis, par un défaut de surveillance ou d'énergie imputable à ce haut fonctionnaire;

« Et passe à l'ordre du jour. »

Beaucoup d'entre nous, il est vrai, disaient que l'occasion était unique, qu'il fallait exercer une pression sur l'exécutif, qu'autrement, une fois les vacances prononcées, le gouvernement se moquerait des décisions de la Chambre et agirait à sa guise. On était très monté ; il y avait de l'électricité dans l'air. Les ministres, à leur banc, après avoir donné lecture de la pièce, se taisaient, soit par calcul, soit par faiblesse et ne faisaient rien pour défendre leur œuvre... Dans une telle atmosphère, je doute qu'un ordre du jour qui laissât le service de la Trésorerie à la Banque eût eu quelques chances de succès. Il n'eût attiré à son auteur que quelques soupçons injurieux et fait crier à la trahison.

Pourtant, je le répète, la Chambre, en votant sans modification le rapport de sa commission, fit une faute. Elle crut forcer l'exécutif à compter avec elle, à obliger la Banque à prendre l'initiative du procès, et finalement elle espéra faire modifier, grâce à la commission parlementaire, le contrat qui, durant cinquante ans, liait le pays sans grands avantages pour lui. Elle se trompa. Le gouvernement, qui n'avait aucune de ces visées, la dompta, et avec elle l'opinion publique, par un de ces procédés familiers à l'école salomonienne.

Le 28 août, une note ainsi conçue paraissait dans la partie officielle du *Moniteur* :

« Le Gouvernement manquerait à son devoir, s'il ne tenait le peuple informé d'une dissidence d'opinions qui vient de se produire entre lui et la Chambre des communes, à propos d'une « résolution de son comité spécial » qu'elle a sanctionnée dans sa séance de lundi 25 courant.

« Il est hors de doute que c'est le pouvoir exécutif qui, le premier, a signalé les irrégularités de la Banque, et a nommé immédiatement deux Commissions, chargées de faire la lumière sur les reproches qui lui étaient adressés.

« Le pouvoir législatif, aussi soucieux que l'exécutif des intérêts de la nation, devait, comme lui, s'émouvoir des faits consignés dans les deux rapports présentés au Gouvernement, et la Chambre des communes a chargé un comité, tiré de son sein, de les étudier et de lui soumettre ses appréciations.

« On a vu, insérée au *Moniteur* du 21 août la « résolution de ce comité » sur laquelle le conseil des secrétaires d'Etat était appelé à donner son opinion dans la séance de la Chambres des communes du lundi 25 août.

« Dans une note que l'on trouvera au *Moniteur* de ce jour, et qui a été déposée sur le bureau de la Chambre des communes, on verra comment le Gouvernement a envisagé la question, et sur quel point il s'est trouvé en désaccord avec la Chambre des communes.

« Le même but, il faut le répéter, est poursuivi par le pouvoir exécutif et la Chambre des communes ; le respect de la morale publique et celui des deniers de l'Etat.

« Cependant, il est à regretter que, dans une question qui demandait à être élucidée avec calme, les passions aient pu s'infiltrer, agrandir ou déplacer les responsabilités à tel point, qu'on s'est imaginé que les intérêts publics étaient plus gravement compromis qu'ils ne le sont en réalité.

« Dans un élan de patriotisme qu'il faut certainement excuser, on a voulu alors dicter des mesures répressives trop violentes, que condamnerait certainement la raison et le bon sens, et qui seraient l'affirmation de la rupture d'un contrat signé par la nation.

« L'objection présentée par le conseil des secrétaires d'Etat sur la résolution du comité spécial de la Chambre des communes ne portait que sur un point, puisque le gouvernement s'engageait à demander au conseil d'administration de Paris le changement du personnel dirigeant la Banque qui, pour les motifs consignés dans les rapport remis au secrétaire d'Etat des finances, n'avait plus la confiance du peuple haïtien. Il ne s'agissait plus dès lors que de s'entendre sur le service de trésorerie que la résolution arrachait violemment de la Banque ou suspendait provisoirement jusqu'à complète satisfaction donnée au pays.

« Le gouvernement a protesté contre ce mode de procéder.

« Le décret qui confie le service de trésorerie à la Banque émane de l'Assemblée nationale, et il n'appartient pas par conséquent à la Chambre des communes d'en suspendre l'exécution. L'Assemblée nationale seule pourrait abroger son décret, et, dans l'espèce, elle est sans pouvoirs pour le faire, puisqu'il s'agit d'un contrat bilatéral, dont les clauses ne peuvent être modifiées sans l'adhésion des deux contractants, c'est-à-dire du gouvernement haïtien et du Conseil d'administration de la Banque.

« Des considérations d'un autre ordre et qui touchent au côté pratique de la question ont de plus décidé le gouvernement dans le sens qu'il a adopté.

« On se rappelle combien dans le passé nous avons eu à nous plaindre de nos trésoreries, quels déficits nous avons eu à enregistrer. On n'a pas oublié ce qu'il nous a fallu de temps pour en finir avec un système désastreux, réprouvé par tous.

« Aujourd'hui, ces déficits ne sont plus à craindre, ou, s'ils se manifestent, on est certain qu'ils ne resteront pas à notre charge.

« Que propose la Chambre des communes, en acceptant, dans toutes ses parties, la résolution de son comité spécial ?

« De rétablir nos trésoreries, puisqu'elle ordonne de suspendre immédiatement ce service avec la Banque.

« A-t-on réfléchi qu'il faut plus de temps pour réédifier que pour démolir ? Combien nous en faudra-t-il pour réunir les hommes et les choses nécessaires au service de trésorerie ? Pendant ce temps d'arrêt, comment marchera l'administration financière ? Qui touchera nos revenus publics ? Qui les mettra à la disposition du secrétaire d'état des finances pour soulager la détresse des fonctionnaires publics ?

« Est-ce du jour au lendemain que nos trésoreries pourront être reconstituées ?

« Est-ce que la machine gouvernementale peut-être ainsi arrêtée dans sa marche, sans ressentir une secousse préjudiciable à l'ordre du public ?

« Un temps d'arrêt semblable serait morte pour le pays !

« Et cependant l'objection du pouvoir exécutif a été rejetée par la Chambre des communes, qui a voté la résolution de son comité spécial !

« Le gouvernement hésite à croire qu'elle persistera dans sa résolution d'engager l'administration dans une impasse dont la malveillance ne tarderait pas à tirer profit.

« Nous sommes au lendemain d'une guerre civile, dont les désastres sont encore incalculables !

« Et c'est à ce lendemain qu'on se désunirait, qu'on offrirait en spectacle cette désunion à nos ennemis qui s'en armeraient pour nous accabler et recommencer une nouvelle lutte !

« Non.

« Le gouvernement se persuade que l'entente sera bientôt rétablie, et que la Chambre des communes lui donnera de nouveau le concours de ses lumières et de sa force pour la réparation des maux supportés par le pays et la réalisation du programme de l'élu du 23 octobre ! »

Mais tout en tenant ce langage, absolument correct, dans le *Journal officiel*, le général Salomon adressait le lendemain ce chef-d'œuvre d'astuce aux commandants des arrondissements de la République :

LIBERTÉ — ÉGALITÉ — FRATERNITÉ

RÉPUBLIQUE D'HAITI

Port-au-Prince, le 29 août 1884, an 81e de l'indépendance.

(*Très confidentielle.*)

SALOMON

PRÉSIDENT D'HAITI

Aux commandants des arrondissements de la République

« Général,

« Après les terribles épreuves auxquelles il avait plu à Dieu de nous soumettre, nous étions tous en droit de compter qu'à l'ombre de la paix, nous pourrions réparer les désastres de la guerre et lancer le pays dans la voie pacifique du progrès par l'instruction, le travail et l'industrie. C'est au moment où nous commencions à voir se réaliser de si chères espérances que la Chambre des députés, induite en erreur et poussée par une dizaine de ses membres, véritables meneurs mus par l'ambition et le désir de s'enrichir aux dépens de la Caisse publique ; c'est à ce moment, dis-je, que la Chambre tente de susciter au pouvoir exécutif des difficultés et des embarras.

« Les actes de mon gouvernement et ceux de la Chambre, publiés par le *Moniteur*, les articles des journaux *l'Œil* et la *Nation*, suffisent, je pense, pour vous édifier sur la question. D'un côté, on voit le gouvernement découvrant et dénonçant au pays les irrégularités, les négligences et les fraudes commises par ou à la Banque nationale ; de l'autre côté, on voit la Chambre, s'emparant de la question, afficher la prétention d'être plus soucieuse que l'exécutif des intérêts de l'Etat, lésés ou compromis par la Banque.

« Cette divergence de vues a eu pour effet immédiat de rendre impossible ou peu probable la réalisation d'un plan financier conçu par mon gouvernement et déjà en bonne voie de négociation. Ce plan avait pour objet de procurer à l'Etat un emprunt de 1,500,000 piastres, destinées à payer la solde, la ration, les appointements des mois dus sur cette année et des mois à échoir de ce jour au 31 décembre prochain. Ce, surtout, contre lequel mon gouvernement proteste, c'est la mauvaise foi avec laquelle procèdent ces messieurs de la Chambre. Ils refusent ou évitent de discuter, sachant leurs argumentations mauvaises, et ils se bornent à voter en silence. Pourquoi ce mauvais vouloir, cette tactique de la Chambre ? Je vais vous le dire.

« Chacun sait que pendant plusieurs années tout le monde voulait être député, car, alors, les députés se faisaient payer pour voter tous les contrats, tous les marchés, toutes les demandes de subvention qu'on leur présentait, quelque funestes et désastreux que fussent pour l'Etat ces contrats, ces marchés, etc.

« Il est parmi mes commandants d'arrondissement qui connaissent tel individu qui, pour se faire élire député, a souscrit une obligation hypothécaire à tel concurrent pour le porter à retirer sa candidature, s'engageant, l'individu, à s'acquitter de son obligation à la fin de la session et à son retour dans ses foyers.

« J'ai en main des obligations données à des députés à titre de récompense, pour avoir voté tels contrats.

« Mais, depuis que j'ai coupé court à cette criminelle spéculation, personne ne veut plus être député et bon nombre de députés ont sollicité de mon gouvernement des emplois dans l'administration des finances.

« En se présentant à l'ouverture de la présente session, les députés prétendaient, les uns être nommés sénateurs, les autres administrateurs des finances, directeurs de douane, commandants d'arrondissement, etc.

« En réponse à la demande de plusieurs, j'ai eu à leur faire savoir qu'étant content de mes commandants d'arrondissement, je n'avais pas à les remplacer. Déçus dans leurs espérances, ces députés, *à qui le Trésor ne doit pas un centime*, envahissent le secrétaire d'Etat des finances, lui demandent des faveurs de mille, deux mille, trois mille, quatre mille, cinq mille, dix mille piastres. Tout naturellement, il leur est répondu que loin d'écouter leurs demandes, le gouvernement doit appliquer les sommes qu'ils réclament comme faveurs à payer l'énorme arriéré que le Trésor doit à cette fidèle armée et à ces généraux aussi braves que dévoués qui, les uns dans le Sud et l'Ouest, ont ou versé leur sang ou exposé leur vie pendant dix mois devant Miragôane, Jérémie, Jacmel, Aquin, Côtes-de-Fer, Petitgoâve, Port-au-Prince ; les autres dans l'Artibonite, dans le Nord et dans le Nord-Ouest, sont restés debout, l'arme au bras, veillant au salut de la République.

« Mais qu'importe pour ces députés, les privations, les souffrances, de ces braves et fidèles soldats, de ces généraux souvent exposés pendant l'insurrection à ne pas recevoir même la simple ration de vingt-cinq centimes ?

« Non, pour ces députés qu'importent ces souffrances, ces privations ? Pour eux, vous êtes là pour souffrir, pour porter le fusil, le havresac, les caisses de munitions. Eux, ils sont là pour jouir, pour avoir des chevaux, des maitresses, pour dépenser leur argent au jeu, dans les cafés, etc.

« Ces messieurs parlent et réclament, disent-ils, *au nom du peuple qui les a nommés députés*. Mais, vous savez, général, que c'est moi, que c'est vous qui les avons nommés députés.

« Vous savez que ce peuple ne les connait pas ; vous savez que dans bien des localités nous n'avons pu les faire accepter qu'avec peine ; vous savez que c'est par attachement et par respect pour mon gouvernement et pour ma personne que ce peuple les a nommés députés. Et voilà qu'aujourd'hui, oubliant leur origine, ces hommes de la Chambre se disent le peuple et se montrent hostiles.

« Je fais tous mes efforts pour aplanir les difficultés et arriver à une entente, afin d'épargner au pays toute secousse. Mais, qu'on le sache bien, je ne souffrirai pas, je ne permettrai pas la réédition du 30 juin 1879.

« Le gouvernement d'alors, pour s'être montré faible, irrésolu ce jour-là, a été cause de l'incendie de Port-au-Prince et des Gonaïves, et de la mort d'un secrétaire d'Etat et d'un grand nombre de citoyens.

« Le principal meneur, il faut que je le nomme, c'est le député Osman Piquant, président de la Chambre. Comme négociant, il est débiteur de l'Etat pour droits de douane. Il veut être ministre des finances et il aspire à la présidence de la République. Pour être ministre des finances, il faut, avant tout, être probe. Or, des papiers sont arrivés de France pour la poursuite devant le tribunal de M. O. Piquant qui, lors de son voyage en Europe, a dupé des négociants de cette contrée. M. O. Piquant prétend être président d'Haïti ! Mais je crois, général, qu'il y a dans le pays de plus dignes et de plus méritants que lui.

« Sont accolés au député Piquant :

« 1° Le député Guillaume Manigat ; ce député parle, dit-il, au nom de ses mandants de Port-de-Paix, mandants que, pourtant, il ne connait pas et qui ne le connaissent pas. Le député Manigat, dont sa ville natale n'a pas voulu, ne rêve qu'une chose : faire de l'argent, obtenir un poste diplomatique en France où il préfère vivre plutôt qu'en Haïti ;

« 2° Le député Domingo, contre qui des lettres sont écrites de France par son tailleur qu'il a dupé, et qui s'adresse à mon gouvernement pour obtenir qu'il s'acquitte de ce qu'il doit ;

« 3° Le député Frédéric Marcelin, qui, lui aussi, a dupé ses créanciers d'Europe en consentant des actes simulés qui font passer ses propriétés en des mains tierces ;

« 4° Les députés Laferrière et Cinna Leconte, contre lesquels des dénonciations sont faites par les autorités des communes de la grande Saline, et de Jean Rabel, pour des contrebandes qu'ils ont faites des denrées du pays, prises dans nos ports et qu'ils ont envoyé ou qu'ils ont été vendre aux îles de Bahama.

« Il y aurait presque autant à dire sur bien d'autres de ces messieurs, mais je m'arrête persuadé, général, que vous êtes suffisamment édifié sur le compte de ces individus, dont les sept huitièmes de la Chambre ne tarderont pas à se séparer quand ils reconnaîtront qu'on les trompe. Au fond, ces sept huitièmes sont bien intentionnés.

« Le *cas échéant*, je ferai mon devoir et vous ferez le vôtre. Nous avons trop souffert, pour permettre qu'aujourd'hui où l'horizon s'est rasséréné, des pêcheurs en eau trouble, des ambitieux, cherchent à l'assombrir.

« Recevez, général, l'assurance de ma considération distinguée.

« SALOMON. »

« *P.-S.*— Sur les instances de mon gouvernement, M. de Monferrand, délégué du conseil d'administration de la Banque à Paris, a saisi la justice d'une plainte dénonçant le vol qui a été commis à la Banque. Par les soins de la justice, les voleurs seront bientôt connus.

« SALOMON. »

Il est absolument superflu de discuter les paragraphes de cette pièce. Tout Salomon, sa déloyale habitude de travestir les meilleures intentions en attentats contre la paix publique, sa tactique de présenter ses adversaires comme des gens tarés, son habileté insidieuse à mettre en jeu l'intérêt de chacun, à fouiller les passions humaines, à les flatter, à les caresser, à faire servir au profit de sa politique l'ambition, la vanité, à les surexciter, à les mener au point nécessaire où, croyant agir pour leur propre compte, elles ne sont que l'instrument passif, docile d'une pensée machiavélique, à les tromper ainsi et toujours, et l'une par l'autre, tout Salomon, avec son style terre-à-terre, s'attachant peu à la consonnance, pourvu que le mot grave l'idée, s'y révèle à chaque phrase.

Pas plus pour ceux qui sont nommés dans cette circulaire que pour moi, je ne m'abaisserai à relever d'indignes calomnies. Salomon, en les écrivant, les savait dénuées de tout fondement, mais elles lui semblaient devoir frapper l'imagination et il s'en servait. Hélas ! pour moi personnellement, on m'avait mis depuis 1883 dans l'impossibilité matérielle, quel qu'en serait mon desir, de placer mes propriétés en des mains tierces : on les avait rasées et pillées en bon ordre, et d'après tous les commandements de la doctrine. J'avais même eu le tort impardonnable de réclamer pour mes concitoyens lésés dans ces horribles journées de septembre, et Salomon ne l'oubliait pas, lui qui indemnisait spontanément les étrangers et refusait, par politique, la même justice aux Haïtiens. On recueille aujourd'hui les fruits de cette politique : on n'a qu'à consulter les registres d'immatriculation aux légations étrangères pour s'en rendre compte.

Quelques années après, j'ai eu l'occasion d'interroger un des intimes de Salomon, un de ceux qui ont pris une grande part à sa politique... Je m'étonnai qu'il pût défigurer ainsi la pensée des députés, grossir, dénaturer le rôle qu'ils remplirent dans cette affaire de vols à la Banque, simplement pour le plaisir inutile, sans compensation visible, de dénoncer des conspirateurs là où il n'y en avait pas l'ombre. Cet intime me dit : « Vous vous trompez. Vous ne saviez pas le dessous des cartes. Il y avait un véritable complot contre le gouvernement et si on ne vous mettait pas au courant de tout ce qui se passait, c'est qu'on sait que, par nature, vous n'aimez pas comploter. Vous faisiez bel et bien partie d'une conspiration sans le savoir ? » Je souris et répliquai : « S'il en est ainsi, d'où vient donc que Salomon dénonçait à ses commandants d'arrondissement précisément les idéologues, ceux qui se renfermaient uniquement dans leur rôle de députés et à visière levée réclamaient des garanties pour le pays? »

Je n'en pus tirer aucune réponse, je suppose ou qu'il n'en savait pas davantage ou que ma question l'embarrassait.

Des collègues, appelés isolément au Palais, me racontaient parfois les discours que Salomon leur tenait : « Ne l'écoutez pas, leur répétait-il, en me désignant. Il a le 23 septembre à venger! » Salomon me faisait une injure gratuite en disant qu'un but personnel me guidait et qu'un deuil privé pouvait obscurcir mon patriotisme. Il se trompait absolument sur mon compte. Un homme public ne doit rien avoir à venger et, s'il le laisse supposer, que ses concitoyens l'écartent soigneusement du pouvoir! On peut s'en prendre aux choses : on ne doit jamais s'en prendre aux individus.

Dans la circulaire adressée aux commandants d'arrondissement, le gouvernement accusait la Chambre, par des débats intempestifs, d'avoir fait manquer un emprunt de 1,500,000 gourdes sur le point d'être conclu avec la Banque, emprunt qui devait acquitter la solde et la ration des soldats, les pensions des militaires, les feuilles arriérées, etc., etc. C'était, en effet, le langage qu'on tenait à ce moment-là dans les journaux officieux pour exciter l'opinion publique contre la Chambre des députés. Le moyen, quelque cynique qu'il fût, car il y avait du cynisme à sacrifier les intérêts primordiaux de l'Etat à un prêt d'argent, semblait infaillible dans un pays où tout le monde émarge au Trésor.

Mais la vérité était que la Banque, le premier émoi passé, s'était remise. Des amis lui conseillaient la résistance et lui représentaient qu'au dernier moment il lui serait facile de tout emporter en offrant de l'argent au gouvernement. Ce dernier moment était arrivé et l'offre, sans doute, avait été faite. Pourquoi le ministre des finances ne pouvait-il accepter ces propositions bienveillantes dictées par le plus sincère amour du bien public ? — Pourquoi ? reprenaient les affidés. Parce que la Chambre des Communes a soulevé des débats inutiles ; que ces débats soient clos *d'une façon ou de l'autre* et vous êtes tous payés, militaires et employés civils ! Et alors tout le monde pourra s'embrasser et crier : « Vive la Banque ! »

En Haïti, les moyens à employer pour fausser le bon sens public sont élémentaires et infaillibles. Aussi la Chambre commençait-elle à sentir que la calomnie prenait de la consistance et battait en brèche son crédit dans le peuple. A ce moment, elle commit encore une seconde faute. Après avoir rejeté les modifications du cabinet et voté les conclusions du rapport de la commission spéciale, elle eut la naïveté d'adresser un message au Sénat pour le prier de se joindre à elle, en assemblée nationale, et enlever le service de la trésorerie à la Banque. Il était notoire que le Sénat n'aquiescerait pas à ce désir. L'opinion publique avait-elle la force nécessaire pour exercer une certaine pression sur ses délibérations ? Pauvre opinion publique que deux ou trois individus, avec de l'audace, font ou défont à leur guise ! elle était timide, hésitante, et maintenant que l'on disait que cela finirait mal, elle ne se souciait pas de payer les pots cassés.

La Chambre n'avait donc pas besoin de tenter une démarche, vouée d'avance au résultat le plus négatif. Au point de vue constitutionnel, elle n'avait pas non plus à la tenter. Sa résolution, en tant que suspension provisoire du service de la trésorerie et non retrait définitif, était parfaitement légale et n'avait nul besoin de la sanction de l'assemblée nationale. C'était une simple mesure administrative qu'elle ordonnait au ministre de prendre; ce n'était pas une rupture qu'elle proposait. Il est toujours permis de sauvegarder, par des mesures transitoires, les deniers de l'Etat, et la Chambre le devait au pays.

A la proposition de se réunir en assemblée nationale, le Sénat répondit, le 28 août 1884, par le message suivant:

SÉNAT

Message à la Chambre des Communes

« Messieurs les députés,

« Le Sénat a l'honneur de vous accuser réception de votre message en date d'hier et au n° 104, lui remettant le rapport de votre commission spéciale en ce qui concerne la Banque.

« Vous informez le Sénat que vous avez voté les conclusions de ce rapport, et vous ajoutez que, ce vote amenant naturellement la réunion de l'Assemblée nationale pour formuler le décret devant suspendre provisoirement le service de la trésorerie fait par la Banque, vous aimez à compter sur le concours de son patriotisme et de son dévouement à la chose publique pour qu'il se réunisse à la Chambre en Assemblée nationale, et cela dans le plus bref délai, vu qu'il y a urgence.

« Le Sénat, après délibération, vient de nommer une commission spéciale pour l'examen de votre résolution. Son rapport présenté, il statuera s'il y a lieu de se réunir en Assemblée nationale.

« Le Sénat saisit cette occasion pour vous renouveler, messieurs les députés, l'assurance de sa parfaite considération.

« *Le président du Sénat,*

« M. MONTASSE. »

La rédaction de cet accusé de réception laissait entrevoir quelles étaient les dispositions du Sénat à l'égard de la résolution votée par les députés. En attendant, la Chambre adressait le message suivant au secrétaire d'Etat de l'intérieur, message accompagné d'une note. Les deux pièces étaient publiées dans le numéro du 30 août du *Moniteur* et l'Exécutif les faisait suivre immédiatement de sa réponse. Voici ces documents :

Port-au-Prince, le 29 août 1884, an 81e de l'Indépendance.

LA CHAMBRE DES REPRÉSENTANTS

No 121 MESSAGE

Au Secrétaire d'État de l'Intérieur, etc., etc.

« Monsieur le Secrétaire d'État,

« La Chambre des députés a lu avec une patriotique tristesse la note insérée au *Journal officiel* du jeudi 28 août courant. Elle croirait manquer à elle-même et au pays si elle se taisait sur les allégations qu'elle renferme.

« C'est dans ce but qu'elle vous invite à vouloir bien donner, en tête du *Journal officiel* de demain 30 août, publicité à la note qu'elle vous remet sous ce couvert ainsi qu'au présent message.

« La Chambre, dans cette attente, vous renouvelle, Monsieur le Secrétaire d'Etat, l'assurance de sa parfaite considération.

« *Le Président de la Chambre,*

O. Piquant.

« Tout d'abord, la Chambre déclare au pays qu'il n'y a aucune dissidence entre elle et le pouvoir exécutif.

« Où serait-elle, la dissidence ?

« Ce que la Chambre veut, c'est ce que veut le pays :

« L'ordre et la régularité dans nos finances.

« N'est-ce pas aussi ce que veut le gouvernement ?

« C'est d'accord avec le pouvoir exécutif que la Chambre, sollicitée et par des actes et par des paroles du premier magistrat de la République, s'est livrée à l'examen de cette palpitante question de la Banque nationale.

« Aussi, dans sa séance du 28 juillet dernier, demandait-elle au Secrétaire d'Etat des finances le dépôt immédiat des rapports des deux commissions instituées à l'effet de vérifier la comptabilité de la Banque et les fraudes commises au sein de cet établissement.

« La Chambre, nantie de ces deux rapports, quelle conduite avait-elle à tenir ?

« Devant les graves questions que soulèvent ces rapports. questions où sont engagés les intérêts de toute la société haïtienne, selon les termes mêmes de l'exécutif, le devoir ne commandait-il pas à la Chambre de s'occuper sans retard des mesures à prendre pour sauvegarder la fortune publique gérée par des mains indignes, de l'aveu même de l'exécutif, contenu dans la dépêche du cabinet au secrétaire général M. le comte de Montferrand.

« Le Corps législatif, réuni en Assemblée nationale n'avait-il pas fait solennellement au pays la promesse de régler cette question vieille de près d'une année ?

« Aussi la Chambre des Communes insistait-elle auprès du secrétaire d'Etat des finances pour obtenir le dépôt du rapport de la commission des mandats.

« A peine avait-elle obtenu ce document, elle s'empressait d'adresser un message au secrétaire d'Etat de l'intérieur pour l'inviter à le mettre sous les yeux du pays dans le plus prochain numéro du *Journal officiel.* Quelques jours après, elle réitérait cette même demande.

« Aussitôt la publication faite, elle saisissait de la question une commission spéciale composée de dix-huit membres.

« Après un examen long, attentif, scrupuleux de toutes les pièces relatives à cette affaire scandaleuse, la commission déposait son rapport, dont tout le mérite devait consister à adopter une mesure pratique, mais dont le caractère temporaire ne saurait faire naître aucune équivoque sur les intentions vraies de la Chambre des Communes.

« Là est tout le rapport.

« Et c'est à l'occasion de ce rapport dicté par le patriotisme le plus pur et le sentiment du devoir que le cabinet s'adresse au pays et déclare qu' « il est à regretter que, dans une question qui demandait à être élucidée avec calme, les passions « aient pu s'infiltrer, agrandir ou déplacer les responsabilités,

« à tel point qu'on s'est imaginé que les intérêts publics étaient « plus gravement compromis qu'ils ne le sont en réalité. »

« La Chambre, à cette allégation, déclare qu'elle n'a qu'une passion, celle du bien public.

« Elle déclare, en outre, qu'aucun intérêt pour elle n'est plus grave que la défense des deniers publics.

« Où trouve-t-on cet « élan de patriotisme qu'il faut certaine-« ment excuser » ?

« Où voit-on « des mesures répressives, trop violentes que « condamneraient certainement la raison et le bon sens » ?

« Depuis quand la Chambre et même l'Assemblée nationale seraient-elles sans droit pour prendre des mesures propres à sauvegarder la fortune publique livrée à une administration dilapidatrice ?

« Autrement, ce serait le cas où la raison et le bon sens auraient à protester contre une telle interprétation.

« Il n'y a pas de droit au-dessus du droit. Il ne s'agit pas ici d'abrogation de contrat. Puisque le cabinet parle de contrat, qui donc l'a violé ?

« N'est-ce pas l'établissement de la Banque qui, au lieu de se renfermer dans l'esprit et la lettre des obligations contractées envers le pays, les a criminellement foulées aux pieds ?

« La Chambre rejette l'idée que lui a prêtée le cabinet de vouloir revenir au système condamné des trésoreries particulières.

« Rien ne le dit, rien ne le laissse entendre dans la résolution votée par elle.

« La Chambre s'est contentée de montrer le mal et d'indiquer le remède qu'elle croit souverain dans le cas.

« Elle hésite à croire qu'une mesure commandée par la plus saine logique, la plus vulgaire prévoyance, puisse « arrêter la « machine gouvernementale et être préjudiciable à l'ordre « public ».

« La Chambre est patriote.

« Elle l'a prouvé.

« Elle le prouve chaque jour.

« Elle a donné, elle donne chaque jour au gouvernement de l'élu du 23 octobre tout son concours pour le bien de la chose publique,

« La Chambre est conservatrice.

« C'est parce qu'elle l'est au plus haut degré qu'elle veut asseoir la paix sur le respect des deniers publics.

« Empêcher la dilapidation des revenus de l'Etat, c'est assurer le salaire des serviteurs de la patrie. »

« Le gouvernement a reçu, hier, dans la soirée, la note ci-dessus de la Chambre des communes, pour être insérée en tête de la partie officielle du *Moniteur*. Tout en s'empressant d'accéder à ce vœu d'une des branches du Corps législatif qui croit le moment arrivé de s'adresser au pays, le gouvernement doit en même temps faire entendre sa voix dans la circonstance.

« La nation, si elle est appelée à se prononcer, pourra rendre ainsi un verdict impartial.

« La dissidence que le gouvernement a signalée, existe : c'est une différence d'opinions, un désaccord de vues, de moyens à employer pour rétablir l'ordre et la régularité dans les finances de l'Etat.

« Le gouvernement l'a déjà dit et expliqué. Il le répète aujourd'hui.

« Les mandataires de la nation sont d'accord avec lui dans cette grande pensée de faire respecter les deniers publics. Tant mieux. Il a donc droit de se féliciter de l'initiative qu'il a prise de nommer des commissions, chargées de vérifier les livres de la Banque et de s'assurer de la validité des mandats en circulation.

« Le chef du pouvoir exécutif ne s'est pas moins montré à la hauteur de sa mission, quand il a provoqué, par des actes et des paroles, l'examen par le Corps législatif, de cette grave question du respect des deniers de l'Etat.

« On peut le dire hautement à sa louange, et ses nouveaux discours se ressentiront toujours de ce même esprit d'ordre.

« Il n'est pas possible d'égarer l'opinion sur ces points indiscutables.

« Le gouvernement n'a jamais reproché à la Chambre des communes la conduite énergique qu'elle a tenue à propos des rapports des commissions de l'exécutif.

« Il a même déclaré, comme le pays a pu le voir, qu'il était d'accord avec la Chambre, en exceptant seulement le point qui consistait à suspendre provisoirement avec la Banque le service de la trésorerie, dont elle est chargée par contrat régulier, sanctionné par décret de l'Assemblée nationale.

« Il a dit pourquoi il s'est décidé dans ce sens.

« Il soutient qu'une résolution de la Chambre est impuissante pour l'engager dans la voie qu'elle trace, et en cela il s'appuie sur la loi constitutionnelle, le décret organique de la Banque, le respect des contrats, la difficulté de changer subitement le mode de perception de nos revenus, et sa détermination bien arrêtée de ne pas retomber dans les anciens abus de nos trésoreries publiques.

« La Chambre des communes déclare que le mérite de son rapport « devait consister à adopter une mesure pratique, dont le caractère temporaire ne saurait faire naître aucune équivoque sur ses intentions. »

« Il est réellement fâcheux que la Chambre ait hésité à déterminer, d'une manière plus claire, cette mesure destinée à remplacer celle du service de trésorerie, confiée à la Banque. Le gouvernement se demande encore comment il est possible de suspendre momentanément ce service avec la Banque, sans revenir à notre ancien système, de quelque nom qu'on veuille l'appeler.

« Oui, les passions se sont glissées dans la question financière à régler; oui, on a agrandi et déplacé les responsabilités; oui, on a pensé que les intérêts publics étaient plus largement compromis qu'ils ne le sont réellement.

« N'a-t-on pas cru que les doubles emplois constatés à la Banque ne seraient pas restitués? Que le gouvernement serait tenu responsable des mandats ressortis de la Banque? N'était-ce pas ainsi agrandir et déplacer les responsabilités?

« Où voit-on que les intérêts de l'Etat souffriront de ce désordre financier?

« Le gouvernement n'a-t-il donc pas l'énergie nécessaire pour ordonner le respect de ses droits, appuyés sur la justice et l'équité? N'a-t-il pas signifié, dans toutes ses notes, sa résolution inébranlable de demander la restitution de ce qui lui est dû, et ne possède-t-il pas les moyens à ce nécessaires?

« Le patriotisme, l'amour du bien public, engendrent souvent des passions.

« Mettre la Banque de côté, même momentanément, n'est-ce pas revenir forcément au système condamné de nos trésoreries?

« Qui répudie l'un, adopte l'autre. C'est là juger sans passion.

« Les grands pouvoirs de l'Etat ont tous le droit de prendre des mesures pour sauvegarder la fortune publique.

« Ce droit se manifeste par des actes légaux : dans ce domaine, la violence n'a pas d'entrée.

« La Chambre des communes déclare dans sa note qu'elle s'est contentée de montrer le mal et d'indiquer le remède qu'elle croit souverain.

« Il sera permis de lui répondre, que le mal, c'est le gouvernement qui le premier l'a signalé, par ses investigations, et que le remède, s'il était indiqué, ferait connaître le mode à employer pour la perception de nos revenus, en l'absence de la Banque.

« C'est un point encore à déterminer.

« La Chambre des communes, patriote, conservatrice, dévouée à l'ordre de choses établi, veut avoir la paix publique par l'ordre et le respect des finances.

« Elle n'a point besoin de le dire, pour que le gouvernement en soit convaincu.

« Le gouvernement n'a pas besoin non plus de faire une telle déclaration à la nation, pour que la nation se persuade que sur ces points il ne le cède en rien à la Chambre des communes.

« Ces assauts de patriotisme et de dévouement, n'entrent ni dans ses vues ni dans ses idées. »

Enfin, le 4 septembre, dans un rapport longuement motivé et après avoir déclaré « *qu'il convient avec la Chambre des Communes que le service de la Trésorerie, jusqu'ici dévolu à la Banque nationale, ne peut plus être confié aux mains infidèles ou négligentes qui ont perpétré ou laissé perpétrer les fraudes relevées par le rapport des deux commissions du gouvernement* », le Sénat refusait de se joindre à la Chambre en assemblée nationale. La question semblait donc définitivement enterrée, car les députés ayant cru devoir solliciter le concours des sénateurs et ce concours leur étant refusé, que pouvaient-ils faire ? Prendre acte des efforts qu'ils avaient tentés, des résolutions qu'ils avaient prises pour remplir ce qu'ils pensaient être leur devoir et laisser la responsabilité de l'insuccès à qui de droit. Ils pouvaient retracer l'historique de l'affaire, la présenter telle qu'ils la comprenaient et, entre eux et leurs adversaires, solliciter le verdict de la nation ! Mais, quant à la résolution elle-même, au point de vue de l'initiative législative et devant l'attitude du Sénat, elle était morte et il ne fallait plus compter la ressusciter. C'était l'opinion de tout le monde. Les journaux officieux le constataient tout en conseillant au gouvernement d' « *expédier par le courrier du 10 septembre, auprès du siège social de Paris, un citoyen qui serait muni de toutes les instructions nécessaires pour atteindre le but désiré. Ce délégué haïtien aurait pour mission de placer sous les yeux des membres du conseil de la Banque le récit fidèle de tout ce qui s'est passé dans cet établissement à Port-au-Prince, d'exposer les besoins du pays et de discuter les modifications à faire au contrat de la Banque.* »

Ainsi, on le voit, même ceux que l'intérêt fait marcher avec l'Exécutif sont obligés de reconnaître qu'il y a nécessité de donner satisfaction au pays. Tout le monde est unanime là-dessus : modification du contrat de la Banque.

Est-ce le but que poursuit le gouvernement ? Songe-t-il à notre industrie naissante, à notre agriculture embryonnaire, à notre commerce national qu'il s'agit de protéger, de développer, d'aider à vivre ? Va-t-il avoir une lueur d'intérêt général, enfin ?... Que non pas. La Banque nationale d'Haïti a été un syndicat d'intérêts privés contre l'intérêt général, une exploitation, sous estampille officielle, de l'usure et de l'agio. Il faut lui laisser son caractère propre et ne pas fausser son origine.

Aussi l'affaire du vol des mandats que chacun croit finie, épuisée, en ce qui s'agit de la Chambre, n'est pas morte pour le gouvernement Il faut écraser complètement toute velléité de résistance future de la part des députés ; il faut que jamais plus ils songent à revenir sur cette question.

Ici, le troisième élément de la politique dite salomonienne entre en scène.

V

Un « *couri* » contre les députés du peuple. Modifications à apporter au contrat de la Banque. Vœux et espoir.

Le 9 septembre 1884, à onze heures du matin, un grand *couri* eut lieu à Port-au-Prince. Un *couri* est une panique qui sort on ne sait d'où, s'empare de tout le monde, fait fermer instantanément les portes des magasins et des boutiques et vide complètement les marchés publics. Les gens se mettent à fuir dans tous les sens ; les uns montent, les autres descendent, au hasard de l'inspiration. Les bruits les plus émouvants circulent....., mais le *couri*, après avoir fait son œuvre, atteint son but, se traîne et meurt : chacun reprend alors ses occupations.

Salomon avait très souvent fait usage du *couri* pour les desseins cachés de sa politique. Il avait pour ce rôle de faiseurs de panique tout un corps dressé, discipliné et bien payé surtout. Exploitant la peur, l'égarement qu'ils avaient soulevés, ces gens-là montraient les pires dangers prêts à fondre sur les propriétés et les familles. On n'était que trop porté à les croire, et bien vite ceux envers qui le *couri* avait été ordonné se dépêchaient de se mettre en règle.

Or, il arriva ceci à la fin du gouvernement de Salomon : ses adversaires retournèrent contre lui les moyens dont il s'était servi et qui avaient fait, aux yeux des masses, tout le succès de sa politique. Ils organisèrent des *couris* contre son gouvernement et, qui sait? peut-être autre chose aussi. Par un des effets de cette justice immanente qu'on ne doit jamais outrager, il vit de son palais, impuissant à les arrêter, passer des paniques dont il n'avait pas le secret. Il vit l'incendie dévorer les plus beaux quartiers de la capitale et le peuple affolé réclamer sa chute pour sauver le reste.

Si, dans les derniers jours, ce terrible vielliard avait encore toute la verdeur de son esprit — car on affirme qu'il avait beaucoup baissé, — le châtiment a dû lui sembler rude. Comme il aimait les proverbes et qu'il en émaillait ses discours, il a dû tristement se répéter, en secouant la tête : « *Faut pas montré macaque Voyé Roches !* »

Il est malaisé de parler de soi, mais cette date du 9 septembre me fut aussi fatale que celle du 23. Déjà ébranlé par les affreux événements de l'année dernière, l'être qui m'était le plus cher — mon père — me sachant à la Chambre, en reçut un tel coup, qu'il ne s'en releva plus et s'éteignit lentement quelques années après dans les ténèbres de sa raison perdue.

Ce jour-là, la Chambre devait se réunir à midi. Je ne me souviens plus quel était l'ordre du jour; mais je ne pense pas qu'il y eût quoique ce soit concernant la Banque. J'étais *au bord de mer*, tranquillement occupé à mes affaires, en attendant l'heure de la séance. Soudain, des groupes se forment, s'interrogent, et de toutes parts le cri : *On se bat à la Chambre*! Je sors; les rues sont pleines de soldats, carabine au poing. Je vois venir à moi une des plus grandes autorités militaires de la capitale, revolver à la main, mouchoir rouge enveloppant le cou et précédée d'une escouade nombreuse d'hommes de police. Je vais à elle et l'interroge.

— Je ne sais pas, me répond amicalement l'officier supérieur. On dit qu'on se bat *au bord de mer*, et je descends voir. Mais vous, que faites-vous dans les rues?

Et il continue son chemin.

Moi, flegmatiquement et le cœur battant aussi tranquillement qu'à l'ordinaire, je prends la rue des Miracles, la rue des Casernes, et me voilà aux abords de la Chambre. L'animation y est grande. Le Sénat vient de finir sa séance ; les sénateurs rentrent chez eux. Le rappel est battu avec rage ; le clairon sonne des *garde à vous*! répétés. Des soldats surexcités, et qui m'ont l'air d'être un peu soûls, déchirent la cartouche de leurs dents et chargent leurs armes en pleine rue. On dit que des sénateurs, qu'ils ont sans doute pris pour des députés, ont été insultés. En somme, la situation a l'air sombre. Va-t-on commettre un attentat sur la représentation nationale ? Va-t-on dissoudre la Chambre?

Nous étions environ une quinzaine de députés assis à la terrasse d'un café qui existait à cette époque vis-à-vis du local de nos délibérations. C'était là habituellement qu'on se réunissait pour attendre l'ouverture de la séance.

Nous attendîmes longtemps. Il n'y eut pas de séance. Il n'y eut jamais plus de majorité à la Chambre pour cette question-là. Et depuis, oncques ne parla personne des vols de mandats commis à la Banque!

Le pays perdit ainsi une excellente occasion d'exiger quelques modifications à ce contrat. Mais, ces modifications s'imposent; elles ne sont qu'ajournées. On ne voit pas la Banque continuant, durant les cinquante années, le petit commerce qu'elle fait chez nous. Nous finirions par mourir d'anémie et d'épuisement, et nous ne voulons pas mourir. Non, dans son intérêt et dans le nôtre, il faut qu'elle exploite autrement sa convention. C'est là la tâche délicate et toute de persuasion que l'avenir réserve au ministre des finances intelligent et patriote qui saura la vouloir. Qu'on me comprenne bien, il ne s'agit plus d'exiger; il s'agit maintenant de négocier. Il s'agit de prouver à l'institution qu'elle est encore une étrangère chez nous, n'ayant ni racines dans notre sol, ni affection dans nos cœurs. Or, n'ayant rien fait pour nous, nous ne pouvons ni l'aimer, ni proclamer qu'elle est un bienfait. Il s'agit de lui démontrer qu'elle peut trouver, dans une voie plus large, notre affection et en même temps une source abondante de profits.

Qu'elle ne nous exploite plus, comme jadis les juifs pelaient les chrétiens! Plus intelligente, plus moderne qu'elle ne l'a été jusqu'à présent, elle doit développer nos richesses naturelles tout en faisant ses affaires, et dans le développement de sa fortune, nous devons, nous pouvons trouver une amélioration de la nôtre.

Autrement, à quoi bon?

Si c'est à ce rôle borné qu'elle attache ses efforts, vraiment le besoin ne se faisait pas sentir, en Haïti, d'un nouveau spéculateur breveté et patenté !

Le jour où la Banque comprendra ce rôle, il ne faudra pas longtemps pour que ses actions doublent de leur valeur actuelle.

Ce ne sera pas la première fois, du reste, qu'on verra un établissement de crédit s'enrichir malgré lui. Elle obtiendra surtout un résultat autrement capital pour nous, résultat qui lui a toujours échappé par l'interprétation égoïste et étroite qu'elle a fait de l'esprit de son contrat.

Ce résultat le voici :

En répudiant la spéculation qui crée l'agitation, l'inquiétude, pour aboutir finalement à la révolution, en portant ses efforts vers la constitution d'un Etat stable et régulier, vers le développement du travail réel, de ce travail dont la fatigue salutaire fait les Sociétés prospères, elle deviendra le véritable pivot de la paix publique. Elle sera la digue qui abritera les travailleurs contre le flot des conspirations.

C'est, ma foi, un beau rôle à prendre, rôle très lucratif, plus lucratif même que l'agio, car, on le comprend, je n'ai pas la naïve prétention d'offrir uniquement un rôle de philanthrophe, rachetant l'origine de ses millions, à notre établissement de crédit.....

Je n'entends pas établir rigoureusement ici les points à modifier dans le contrat de la Banque. Pourtant, dans l'ensemble et pour qu'elle réalise le but que le pays est en droit d'attendre d'elle, la Banque nationale d'Haïti devra :

S'OBLIGER à :

Doubler son capital ;

Emettre effectivement des billets au porteur et à vue remboursables en espèces ;

Traiter avec le gouvernement pour le rachat du papier-monnaie, soit pour son compte exclusif, soit en participation avec d'autres établissements de banque ou capitalistes nationaux ou autres ;

Effectuer le paiement des intérêts et des titres amortis des emprunts de l'Etat, se charger du service de la caisse d'amortissement et faire l'avance des fonds nécessaires à son fonctionnement ;

Se charger de tout paiement pour intérêt et amortissement de la dette publique extérieure, ainsi que du mouvement des fonds pour compte du Trésor sur les diverses places étrangères ;

Avancer trimestriellement au Trésor, en compte courant et aux conditions qui auront été établies, les sommes dont il pourrait avoir besoin, pour parer aux nécessités budgétaires, et imputer ces avances sur les rentrées à opérer ;

Escompter et réescompter toutes lettres de change de la place et autres, titres commerciaux à ordre avec échéance fixe, portant des signatures d'une solvabilité reconnue ;

Souscrire, acheter ou vendre pour compte propre ou pour compte de tiers, tous titres d'emprunts haïtiens et étrangers, lettres de gage hypothécaire, actions et obligations d'entreprises commerciales et industrielles d'un crédit bien établi ;

Négocier, soit au dedans, soit au dehors, le placement des emprunts du gouvernement et des conseils communaux des villes de première classe ;

Faire des avances sur le café et sur toutes autres marchandises qui ne sont pas d'une détérioration facile, déposées soit dans les douanes, soit dans des locaux particuliers ;

Ouvrir des comptes courants garantis soit par des gages, soit par des titres commerciaux, lettres de crédit ou valeurs réelles ;

Recevoir en compte courant, avec ou sans intérêt, les fonds tant de particuliers que de toutes entreprises et de tous établissements publics ;

Employer, jusqu'à concurrence de 25 0/0, son capital à des prêts agricoles et industriels ;

Faire baisser le taux usuraire de l'argent, et, en attendant qu'on le retire, restreindre la spéculation sur le papier-monnaie, en tenant, à toute époque de l'année, des traites à quatre-vingt-dix jours de vue, remboursables en *traites*, à la disposition du commerce régulier, et ce moyennant un intérêt maximum de 9 0/0 l'an.

Ces réformes et bien d'autres que j'énumérerai dans un travail spécial, s'imposent.

On pourra les différer ; on ne saurait les éluder.

Si la paix règne dans le pays — et elle ne saurait régner que grâce à une administration honnête, intelligente, laborieuse et énergique — le premier devoir du ministre des finances d'une telle administration, sera de faire de l'élargissement du cercle où se meut présentement la Banque, la plateforme de sa politique. Cet instrument défectueux ne peut lui donner les garanties nécessaires à la consolidation de la paix publique qui n'est solide, il ne faut pas l'oublier, que lorsqu'elle repose sur le travail largement fécondé et exploité.

Si la paix était une nouvelle fois troublée, au grand dommage des travailleurs, une révolution quelconque se poserait et résoudrait, violemment peut-être, la question qu'on se posait il y a quelques mois, dans le Nord de l'île : *Que ferons-nous de la Banque ?*

Des deux côtés, le dilemme se dresse.

A la Banque à le résoudre. C'est sa fortune et le bonheur d'Haïti qu'elle tient dans ses mains.

VI

Situation financière de la République d'Haïti en 1882 et en 1890. — Tableau du change de 1878 à 1886. — La Banque et le papier-monnaie. — Réflexions.

Il ne sera peut-être pas sans intérêt de donner, à la fin de cet ouvrage, un aperçu sommaire de la situation financière de la République en 1882 et en 1890. La première date représente une période d'extrême détresse, celle où nos cafés et tous nos produits d'exportation étaient avilis sur les marchés d'Europe. La deuxième, l'année 1890, est notre période brillante, celle où notre café, par exemple, a plus que doublé de valeur par rapport aux prix de 1882.

SITUATION EN 1882

Notre situation, en 1882, avant le papier-monnaie, pouvait se résumer ainsi :

1° Le solde de l'indemnité de 1825, à peu près nul ;

2° Le montant de l'Emprunt de 1875....	45.000.000 »
3° Caisse d'amortissement............	25.000.000 »
4° Dette flottante, bons d'arriéré, feuilles et ordonnances	5.000.000 »
Total... ....Fr.	75.000.000 »

SITUATION EN 1890

DETTE CONSOLIDÉE

Dette Domingue :

69,235 obligations à 300 francs......Fr.	20.770.500 »
67,852 Bons de coupon à Fr. 60........	4.071.120 »
Total........Fr.	24.841.620 »

Cette dette porte intérêt à 5 0/0, soit 1,242,081 fr.

L'annuité à payer, comprenant l'amortissement, est de 1,557,648 fr. environ.

L'amortissement, en 1890, comprendra :

879 obligations à 300 francs;

862 bons à 60 fr.

L'annuité restant fixe, le chiffre de l'amortissement augmente à mesure que celui des intérêts payés diminue.

Caisse d'amortissement :

41,598 obligations de 80 gourdes.......$	3.327.840 »
4,611 — de 100 gourdes......	461.100 »
Total........Gourdes.	3.788.940 »

Ces obligations portant 5 0/0, l'annuité	
sur les 41,598 de $ 80 s'élève à	$ 166.392
sur les 4.611 de $ 100 à	23.055
Total........Gourdes.	189.447

Pour le paiement des annuités, la loi a affecté 0,50 en or sur les droits d'exportation du café.

DETTE FLOTTANTE

Papier-monnaie en circulation :			
Solde de la 1re émission de Salomon....$		885	»
Solde de la 2e — — ...		697.918	»
Solde de la 3e — —		1.817.197	»
		$ 2.516.000	»
Papier-monnaie du Nord		2.500.000	»
Papier-monnaie de Légitime :			
Billets de 5 gourdes.........	499.995		
Billets de $ 1, de 20 et 10 centimes	17.732		
		517.727	»
Total .....Gourdes.		5.533.727	»

Le retrait du papier-monnaie est garanti par 0,50 sur les droits d'exportation du café.

Titres spéciaux rapportant 18 0/0.......$	600.000	»
Prêt statutaire de la Banque	300.000	»
Total........Gourdes.	900.000	

Emprunts Légitime :

Emprunt de................	$ 600.000	
Sur lequel il a été payé......	48.000	
		$ 552.000 »

Garanti originairement par $ 1.20 des droits fixes sur café et transformé actuellement en 0,50 sur les mêmes droits.

Emprunt de.............	$ 183.468 »	
Sur lequel il a été payé...	17.429 46	
		$ 166.038 54

Garanti par 0,46 droits fixes sur café, à l'origine.

Emprunts du gouvernement du général Hippolyte :

Premier emprunt de.................. $	1.000.000 »
remboursable par l'augmentation des droits sur café, cacao et campêche; 0,50 par 100 livres de café, 0,25 par 100 livres de cacao, et $ 1 par 1,000 livres de campêche.	
Deuxième emprunt de................. $	446.518 90
remboursable par 0,60 des droits fixes sur café.	
Troisième emprunt de.................	850.000 »
remboursable par 0,50 en or droits d'exportation sur café.	
Total........Gourdes.	3.014.557 44

DETTE ARRIÉRÉE

Feuilles d'appointements, de location, ordonnances de Légitime............. ...$	600.000 »
Feuilles d'appointements, etc., etc., du gouvernement du Nord............	200.000 »
Total........Gourdes.	800.000 »

Le chiffre des frappes d'argent et de billon exécutées par la Banque, pour compte de l'Etat, s'est élevé à 2,700,000 gourdes. Mais il est impossible de dire la circulation métallique existant actuellement dans la République, la hausse du change entraînant périodiquement l'exportation de cette monnaie métallique.

Malgré les brillantes récoltes de café dont le pays a été gratifié depuis 1883, malgré les beaux prix obtenus pour cette fève en Europe depuis quelques années, notre situation économique, on le voit, n'a pas changé. Elle s'est plutôt aggravée.

Cela tient à deux causes prises dans leurs effets généraux.

D'abord, à la longue guerre civile que nous venons de subir ; ensuite, à la pernicieuse influence de notre seule institution de crédit sur le développement de la fortune nationale. Et cette dernière cause, pour l'homme d'Etat, pour le patriote clairvoyant, est la plus essentielle, car les révolutions, les bouleversements politiques ne prendront fin en Haïti que lorsque le travail sera organisé sur des bases morales et que le bien-être en sera la récompense naturelle.

Assurément, durant ces années, des particuliers, dans

la spéculation, ont réalisé de très grosses fortunes, des gains énormes. Mais ces gains, résultat d'une loterie politique ou financière, ont été prélevés sur la consommation, sur le petit négoce appauvris d'autant. C'est lui surtout, le petit négoce, qui a fait les frais de ces situations si vite élevées. Je ne vois donc pas là les bases d'une bonne répartition de la richesse. Au contraire. J'y trouve des éléments d'une dissolution corruptrice et immorale pouvant amener bien des mécomptes. La Banque, ayant manqué à ce que nous attendions d'elle, a sa bonne part de responsabilité dans cet état de choses.

Il ne faut pourtant pas désespérer : une dette de 100 millions de francs n'est pas un trop lourd fardeau pour un pays aussi riche que le nôtre. Seulement, il faut regretter toutes ces récoltes gaspillées, tous ces hauts prix engraissant la spéculation et le jeu et surexcitant ainsi les passions dissolvantes et révolutionnaires dans nos populations Il faut regretter toutes ces richesses perdues sans profit pour un essai sérieux de régénération... Qui sait si nous retrouverons ces circonstances favorables le jour où nous voudrons mettre la main à l'œuvre ?

Voici le tableau des variations du change de 1878 à 1886. On verra si ces fluctuations occasionnées par le papier-monnaie sont minces et quelles conséquences désastreuses elles doivent avoir pour le commerce régulier. J'ajoute que, depuis 1886, elles n'ont fait qu'empirer. En 1889, le change est monté jusqu'à 80 0/0, et, en février de cette année, il était à 45 0/0. Il a subitement baissé jusqu'à 10 et 12 0/0, sous l'effet de causes que j'ai appréciées plus haut, pour remonter encore.

Je reviens sur cette idée, qu'on ne doit pas viser à faire baisser la prime pour lui permettre l'instant d'après de rebondir comme une balle élastique. C'est puéril, et on ne fait, avec de vieilles ficelles connues, à la portée de tout le monde et coûtant fort cher, que favoriser la spéculation. Ce qui est digne d'un esprit sérieux, d'un ministre ayant souci de l'intérêt général, c'est de régulariser le plus possible le cours du papier-monnaie, puisqu'on a le malheur de le posséder et d'empêcher que des hausses ou des baisses fantastiques n'énervent et ne poussent au désespoir le commerçant honnête.

Que le change soit à 100 ou à 10, cela ne signifie pas grand'chose, si vous ne l'avez ramené à 10 que pour lui permettre de remonter à 100. Ce qui est louable et méritoire, c'est de lui donner, que ce soit à 10 ou à 100, le plus de fixité possible et de le rapprocher par là de la monnaie d'or ou d'argent. Et certainement, en Haïti, si on observe le peu d'efforts que les spéculateurs font pour obtenir la hausse ou la baisse, on conviendra que rien n'est plus facile.

TABLEAU DU CHANGE

Novembre/décembre 1878 2 0/0 : introduction dans le pays de l'argent américain.
Juin/juillet 1879, 3 0/0 : » »
Novembre/décembre 1879, 1 0/0 : » »
Juin/juillet 1880, 9 0/0 : exportation de l'argent américain; importation de l'argent mexicain.
Novembre/décembre 1880, 3 0/0 : » »
Juin/juillet 1881, 10 0/0 : » »
Novembre/décembre 1881, 9 0/0 : » »
Juin/juillet 1882, 9 0/0 : » »

Novembre/décembre 1882, 15 0/0 : établissement de la Banque nationale d'Haïti; IMPORTATION de la monnaie nationale; EXPORTATION de l'argent américain et mexicain.

Juin/juillet 1883, 18 0/0 : » »

Novembre/décembre 1883, 12 0/0 : » »

Juin/juillet 1884, 21 0/0 : émission du premier million de papier;

Novembre/décembre 1884, 16 0/0 : » »

Juin/juillet 1885, 40 0/0 : émission des deux millions de papier; PLUS d'argent américain et mexicain dans le pays.

Novembre/décembre 1885, 30 0/0 : » »

Janvier 1886, 40 0/0 : » »

Février, 50 0/0 : » »

Mars, 60/65 0/0 : EXPORTATION de la monnaie nationale d'argent.

Dans les deux articles qui suivent, publiés, l'un le 10 mars 1888, l'autre le 17 mars de la même année, j'essayais d'intéresser la Banque nationale, à défaut du ministre des finances, au sort de notre papier et de ses fluctuations. Je ne les reproduis que pour démontrer que je me suis toujours inquiété de la situation misérable que ces baisses ou ces hausses provoquées ou exploitées par la spéculation du haut commerce et de la Banque, font au commerce régulier.

« Hier 15 0/0, aujourd'hui 20, demain..... que sais-je? Voilà la situation du change.

« Les courtiers affairés, mais l'âme jubilante, vous crient en assant un taux qui varie à tout moment. Les négociants qui ont couverts pour la morte-saison exultent; ceux qui ne l'ont pas fait, ceux qui ont cru que le change ne dépasserait pas 10 0/0 sur la foi de quelques hauts financiers, prennent peur. Ils veulent acheter à tout prix et font la hausse.

« Le tableau noir de la Banque, impassible, se contente, chaque matin, d'enregistrer les bonds désordonnés de cette bête sans cervelle qui s'appelle le change.....

« Pourquoi ce désarroi ?

« Pourquoi ce ciel, relativement bleu, s'est-il subitement assombri ?

« Est-ce la baisse des cafés qui en est la cause ?

« Est-ce le papier-monnaie ?

« Oui et non.

« Si le café de 100 fr. n'était pas tombé à 65 fr., le change du pair ne serait pas monté à 20 0/0.

« Si nous n'avions pas le papier-monnaie — c'est-à-dire rien qu'un... papier — malgré la baisse des cafés en Europe, le change serait resté stationnaire.

« Voilà la vérité et, on aura beau faire, on ne saurait l'altérer d'un iota.

« Mais la vérité, qu'on ne l'oublie pas, ne se trouve jamais dans les extrêmes. Il faut la chercher dans le juste milieu. Raisonner froidement une situation, c'est déjà en être moitié maître.

« D'abord l'avenir nous reprochera de n'avoir pas profité des trois années exceptionnelles que nous avons eues pour en finir avec notre papier-monnaie. On a dit qu'il était, lors de sa création, une nécessité du moment. D'accord. — Mais pourquoi n'avoir pas profité des jours favorables qui ont suivi, de la hausse inespérée de notre café pour liquider cette dette contractée sur nous-mêmes, pour supprimer ce danger toujours gros d'inconnu, toujours prêt à éclater en un affolement des esprits menacés dans leurs fortunes, c'est-à-dire dans leur vie ?

« Loin de là ! — Plus la Providence était généreuse vis-à-vis de nous, plus nous avons escompté des bontés futures et dès lors problématiques. Sur un édifice, dont les fondations sont assez frêles, nous avons voulu mettre un nouvel étage. Le moindre vent, le plus léger aquilon qui souffle d'aventure suffit pour le faire vaciller.

« Peut-on oublier qu'il y a à peine deux ans le change s'est élevé à 62 0/0 ? Peut-on oublier les sacrifices que le pays s'est imposés pour le ramener à un taux à peu près normal ? Quelle confiance peut-on donc avoir dans un instrument financier aussi défectueux, et qui, à tout instant, sème l'alarme et l'agitation dans la fortune publique ? L'État, chaque année, empiétant sur ses attributions, va-t-il être obligé de descendre dans l'arène pour défendre son papier-monnaie ?

« Graves questions que chacun a le droit de se poser.

« Ce diable de papier-monnaie, il déroute tant les imaginations, il communique à chacun une confiance si exagérée dans son mérite que beaucoup rêvent à l'heure prochaine où, ministres des finances, ils pourront faire leur petite émission ! Ils ne se doutent pas, les malheureux ! que c'est une arme à double tranchant et qui peut blesser mortellement. Ils ne se doutent pas avec quel tact, quelle dextérité, quelle prudence il faut le manier. Et que de soucis il donne à l'homme d'Etat véritablement pénétré de ses devoirs. On ne peut jamais le dresser, le discipliner, et au moment où il chevauche le mieux, c'est alors qu'il faut prendre garde d'être désarçonné.

« Rappelez-vous ce qui se passait en janvier, tout juste il y a deux mois. Quel dithyrambe !..... Haïti avait trouvé le secret de la monnaie à bon marché, ne coûtant presque rien. Le papier était au pair avec l'or. Et de se congratuler, de se féliciter !

« Il faut déchanter maintenant : la baisse des cafés est arrivée avec l'année nouvelle, et tout naturellement la hausse du change.

« A quoi bon faire l'historique de notre papier-monnaie actuel ?.....

« L'honneur, dont Boileau a dit :

« *On n'en peut entrer, dès qu'on en est dehors,*

lui ressemble fort, avec cette variante :

« *Qu'on n'en peut sortir dès qu'on en est dedans !*

« Un financier qui prêche assez souvent l'étalon d'or et qui est pourtant plein de tendresses pour le papier-monnaie — l'étalon de papier menant apparemment à l'étalon d'or comme la peste, quand elle ne tue pas, mène à la santé — disait qu'un ministre intelligent peut toujours à son gré réglementer le change dans la morte-saison. — Il ne faudrait pas prendre trop à la lettre cet aphorisme d'un financier prêt à aider l'Etat, il est vrai, à condition toujours que cela lui rapporte gros. Certes, un ministre quelconque peut influer, jusqu'à un certain point, sur les cours. Mais faudrait-il le louer outre mesure s'il était forcé, comme cela s'est déjà vu, le change étant à 50 ou 60, de garantir le pair aux prêteurs pour les sommes mises à sa disposition ?

« Il y a mieux à faire.

« La Banque nationale d'Haïti — qui le conteste ? — est une Banque d'Etat. Or, elle doit protéger les billets de l'Etat. Cela est strictement son devoir. Pendant la période active des affaires, elle ne doit pas perdre de vue qu'un moment viendra où elle devra remplir, dans son intérêt et dans l'intérêt de tous, ce rôle de régulateur. Cela lui est d'autant plus facile que, caissière de l'Etat, du mois d'octobre au mois de février, elle reçoit plus qu'elle ne paie. Cette période étant celle des bas taux du change, elle a tout avantage à convertir en or et au profit de l'Etat les différences en faveur de celui-ci. Mais cette considération, importante en elle-même, ne peut être que secondaire dans la question et il n'y a pas lieu de s'y arrêter.

« Ce qu'il faut dire, c'est que notre circulation officielle et légale, étant et ne pouvant être que de deux millions de papier, la Banque peut, chaque année, fixer et définivement, et pour toute la saison, le maximum du change.

« Certes, il y aura des facteurs à considérer pour cette évaluation. Il faudra qu'elle soit juste et équitable, afin que la Banque garde cette autorité morale indispensable à une institution de crédit.

« Admettons que pour cette année elle la fixe à 20 0/0. — Si elle ne s'est pas trompée, si le taux adopté par elle est véritament le critérium de notre situation financière, toutes les maisons de la place vendront concurremment avec elle. — Si, par hasard, elle était seule..... Eh bien, après? Supposez-vous qu'on lui apporte les 2,000,000 de gourdes à l'encaissement ? Cela est matériellement impossible. Quand on saura que jusqu'au mois de septembre, la Banque s'engage à prendre tout le papier qu'on voudra lui apporter à 20 0/0, tenez pour certain qu'elle ne trouvera pas d'acheteurs. A peine pourra-t-elle placer quelques cent mille francs que le mouvement s'arrêtera. Dans toute panique, il faut compter avec l'imagination. Tous ceux qui ont acheté, ces jours derniers, l'ont fait sans besoin. Ils ont suivi le mouvement. Le voisin a couru : ils courent aussi. Ils ont acheté à 25 0/0. Offrez-leur à 20 0/0. Ils hésiteront et finalement refuseront.

« La Banque aurait-elle peur de prendre ce rôle par crainte de garder 5 ou $ 600,000 durant quatre ou cinq mois dans ses caveaux ? Ce serait une pusillanimité qui ne prouverait pas en sa faveur. Il y a quinze ou vingt ans, les grosses maisons de Port-au-Prince n'hésitaient pas à faire ainsi. Et ce papier, qu'elles gardaient plusieurs mois en caisse, elles le convertissaient à la récolte avec grand avantage,

« Ce que des maisons particulières faisaient avec profit, pourquoi une Banque d'Etat ne le ferait-elle pas ?

« Jusqu'à ce qu'elle nous aide à retirer ce détestable instrument financier que nous avons le malheur de posséder, la Banque a un grand devoir à remplir.

« Ce devoir, c'est d'atténuer les tristes effets du papier-monnaie.

« Elle dispose de toutes les ressources de l'Etat. Elle doit soutenir sa signature.

« Il faut donc que, chaque année, elle garantisse au public un maximum de change jusqu'au mois de septembre. »

Les jours se suivent, et, en dépit du proverbe, se ressemblent Le tableau noir de la Banque, qui, lundi jusqu'à midi, marquait 20 0/0, à peine les douze coups avaient-ils sonné au beffroi du grand établissement financier, affichait 22.

On avait affirmé pourtant au naïf public qu'un syndicat s'était formé au capital de 1,000,000 de francs pour enrayer la hausse, et que, jusqu'à complet épuisement du million, il garantissait le taux de 20 0/0. Ce syndicat anémique, après avoir vendu 230,000 francs s'arrêtait épuisé, vidé, n'ayant plus rien dans le sac et le tableau noir de recommencer ses sauts capricieux !

En conscience, le syndicat ne nous doit-il pas le million promis ? Qui est-ce qui obligeait messieurs les syndicataires à prendre cet engagement ? Et l'ayant pris, pourquoi ne le tiennent-ils pas ?

O syndicat, petit syndicat, comme tu ressembles peu à tes aînés, les glorieux syndicats qui jadis brillèrent d'un si vif éclat ! — Comme on pique un papillon dans une collection d'insectes, l'histoire te mettra au dos un petit drapeau avec cette étiquette : *Syndicat éphémère !*

Mais ce qui prouve que nous avions absolument raison quand nous demandions la semaine passée que la Banque garantît un maximum de change au papier émis sous son contrôle, c'est justement la création du petit syndicat d'un million. Pourquoi, au lieu de cet effort mesquin, ne pas prendre l'initiative d'une mesure efficace et décisive ? Qu'elle le fasse avec un ou plusieurs syndicats, ce n'est pas notre affaire. L'essentiel est qu'elle le fasse.

Elle le peut.

Elle le doit.

Il y a, chacun le sait, de grosses, très grosses affaires qui se sont faites livrables immédiatement et payables à long terme ou livrables et payables. On a même parlé d'opérations à 35 0/0. Comment ces liquidations se feront-elles ? Et quelles sommes de papier n'absorberont-elles pas ?

On a beaucoup acheté à terme ; des capitaux considérables sont engagés, par les uns et par les autres, à la hausse. Il faut bien songer à livrer un jour la marchandise vendue, c'est-à-dire le papier. On ne doit pas trop compter, en ce moment surtout, sur la monnaie métallique. Elle disparaît, elle se raréfie de plus en plus. Pour faire face à toutes ces spéculations, il n'y a absolument que les deux millions de gourdes. Eh bien ! ce qui se voit sur certains marchés, ne peut-il pas se produire ici ? — On se trompe sur les quantités disponibles, sur le papier flottant, non absorbé par la circulation, on s'engage plus qu'on ne devrait. — Quand arrive la liquidation, ce papier qu'on a donné à 30, on l'achète à 15 pour remplir ses engagements.

Si la Banque fixait le maximum du change, il est évident que la rareté du papier se ferait peu à peu et qu'avant longtemps il faudrait abaisser ce taux maximum pour le mettre en harmonie avec la réalité.

C'est ce qu'il s'agit de faire comprendre. C'est la confiance en lui-même qu'il faut donner à notre premier établissement de crédit... qui ne fait pas à crédit.

Il est étonnant ce qu'un vieux papier inspire de confiance ! Avez-vous fait cette remarque ? Plus le papier est vieux, déchiqueté, en lambeaux, plus notre âme attendrie est disposée à le bien accueillir, à l'entourer de tendres soins. On pratique en son honneur cette politesse renouvelée des anciens de saluer les vieux, ceux qui passent et dont la jeunesse accidentée avait causé quelque souci.

Nos premiers deux millions étaient en train de gagner tout doucement cette espèce de sympathie qu'on ne marchande pas aux mourants. Ils n'étaient pas bien vieux pourtant. Ils n'étaient que légèrement fanés, à peine négligés d'aspect. Cependant les illustres praticiens qui veillent à leur chevet assuraient qu'ils n'avaient pas à vivre longtemps. On se berçait de cette douce espérance... Voilà qu'un jour ces Sixte-Quint jettent leurs béquilles, font peau neuve, revêtent une livrée nouvelle, appellent à la rescousse 600,000 de leurs frères dont on avait célébré les funérailles avec pompe, opèrent ainsi sur la fin du dix-neuvième siècle, siècle d'incrédulité et de doute, le miracle de Lazare sortant du tombeau !

Ce nouvel avatar se dit contrôlé et paraphé par la Banque nationale.

Pour le coup, le public se sentit quelque vague dans l'âme et se demanda le pourquoi de cette substitution. Le besoin s'en faisait-il absolument sentir ?

Nous ne contestons nullement, qu'on en soit bien persuadé, l'habileté et l'expérience profondes qui ont présidé à toutes ces transformations. On a eu d'abord un premier million et un premier syndicat. Un second million et un second syndicat. Aujourd'hui nous avons une substitution de 2,000,000 et un troisième syndicat, c'est-à-dire la Banque. Tout cela est fort bien combiné, savamment gradué. Mais ne craint-on pas qu'à la longue, et de transformations en transformations, de manipulations en manipulations, de substitution en substitution, les 2,000,000 de gourdes papier ne nous coûtent à peu près ce que nous auraient coûté 2,000,000 de gourdes métal argent ?

Ah dame ! ce n'est pas une plaisanterie. Qu'on fasse le décompte de ce que les deux syndicats ont coûté, du sacrifice qu'on a fait pour retirer le million qui n'a pas été retiré, de ce qui est payé à la Banque pour substituer un billet neuf à un billet moins neuf, de ce que coûtera enfin le retrait définitif....

On ne s'engage pas trop en disant que ces deux millions nous reviennent au poids de l'or.

Nous sommes à mi-mars... La récolte des cafés qui a été tardive est loin d'être entièrement livrée. Vous êtes-vous demandé si on ne s'arrête dans cette voie, à quel taux serons-nous en juin, juillet et août? C'est que si on a pu atteindre si aisément ce taux de 22 0/0 — ou de 25, on ne sait au juste, rien ne prouve jusqu'où nous irons.

Il incombe pourtant de ne pas permettre au change d'atteindre ces sommets vertigineux où l'on perd la tête.

Tout papier-monnaie qui se respecte doit avoir un établissement de crédit pour soutenir ses cours. On pouvait penser que le nouveau papier émis sous le contrôle de la Banque jouissait de cette prérogative.

S'il n'en est pas ainsi, alors quel besoin avions-nous de la substitution ?

En terminant ces pages, je ne crois pas nécessaire d'ajouter que je n'ai jamais eu en vue ceux qui ont dirigé ou dirigent actuellement la Banque nationale d'Haïti. Je ne me suis intéressé, je ne m'intéresse qu'à l'institution elle-même, dans son esprit et dans son rôle que je trouve opposés au développement de la richesse nationale. Je n'ai pas souci des millions que la Banque a pu amasser dans l'exploitation de son contrat. Ce n'est pour moi qu'un point secondaire. Et je souhaiterais qu'elle eût gagné cent fois plus si, par contre, l'avenir de notre pays dût en profiter quelque peu.

Non, ce n'est pas de la Banque d'Haïti, telle qu'elle fonctionne, que les Haïtiens peuvent espérer leur relèvement, ni non plus que l'Etat peut attendre la restauration de son crédit. La Banque peut gagner beaucoup d'argent, distribuer les plus magnifiques dividendes à ses actionnaires, quel avantage, soit à l'intérieur, soit à l'extérieur pouvons-nous en retirer? La clientèle des affaires, en dehors des intéressés, sait-elle seulement, à Paris, qu'il existe une Banque d'Haïti ? Ses actions figurent-elles seulement à la cote en banque? Elles sont la propriété, exclusive, privilégiée d'un petit groupe, trié sur le volet, le groupe des argonautes.

Or, malgré la prospérité de la Banque, à cause de cette prospérité, le pays restera pauvre, soumis à toutes les incertitudes du lendemain, à toute la précarité d'un milieu social où le travail n'existe pas et l'Etat, impuissant à rien oser, voué aux emprunts à 18 0/0 et plus. On ne le connaîtra, l'Etat, on veillera à ce qu'il ne soit connu, que d'après les plus mauvais souvenirs du passé. Entre lui et l'Europe, on élevera une véritable muraille de Chine. Et plus la Banque s'enrichira, plus la muraille sera haute, épaisse, et plus jalousement on montera bonne garde derrière ! Ah ! si on pouvait effacer le sillage du navire qui conduit à cette patrie de l'exploitation et garder la route pour soi seul !...

Certes, la Banque nationale dispose, en Haïti, de grands moyens de séduction. La clef d'un coffre-fort bien garni est un puissant passe-partout. Elle prend soin, au reste, comme le personnage de la Bible, de laisser de temps en temps glaner quelques épis derrière elle. Aujourd'hui, le monde de la spéculation qui l'avait, au début, accueillie avec défiance, bien vite rassuré, a accepté sa tutelle pour faciliter ses opérations et leur garantir un profit encore plus lucratif. Elle semble donc tenir dans ses mains le crédit public et le crédit privé ! Et la chaîne du servage national grossit chaque jour.

Eh ! qu'importe ?

Il faut voir les questions d'ou dépend l'avenir de son pays d'un peu haut, d'une envolée dégagée de toute préoccupation individuelle. C'est pourquoi, à côté de la Banque si c'est possible, en dehors d'elle si c'est nécessaire, il incombe d'étudier des voies nouvelles. Il faut penser à nos plaines privées de vie, à nos campagnes dénuées de ressources, à nos populations des villes turbulentes, parce qu'elles n'ont rien à faire. Et se dire sans cesse que la tranquillité publique ne sera définitivement fondée chez nous que lorsqu'elle s'établira dans cette formule :

LA PAIX PAR LE TRAVAIL!

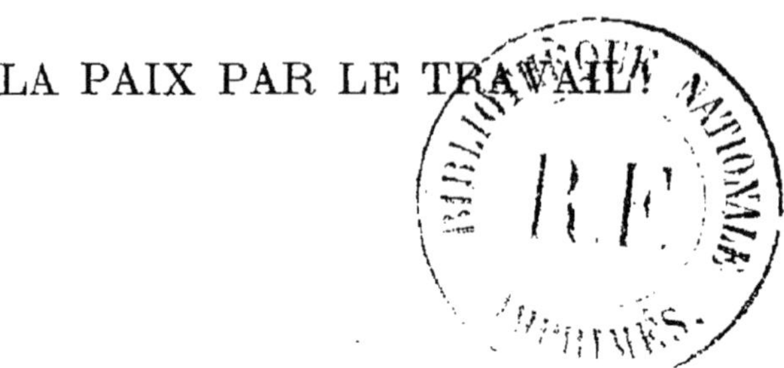

TABLE DES MATIÈRES

1277. — Paris, Imp J. Kugelmann, 12 rue de la Grange-Batelière.

www.ingramcontent.com/pod-product-compliance
Ingram Content Group UK Ltd.
Pitfield, Milton Keynes, MK11 3LW, UK
UKHW012236240726
13966UKWH00003B/1117